基金项目：江苏高校哲学社会科学研究一般项目（2023SJYB1235）、江苏高校哲学社会科学研究重大项目（2019SJZDA028）、江苏理工学院社科项目（KYY22503）

协同视阈下战略共识对企业技术创新绩效的影响研究

商燕劼　著

中国财经出版传媒集团
中国财政经济出版社

图书在版编目（CIP）数据

协同视阈下战略共识对企业技术创新绩效的影响研究／商燕劼著．—北京：中国财政经济出版社，2023.2
ISBN 978－7－5223－1893－6

Ⅰ.①协…　Ⅱ.①商…　Ⅲ.①企业创新－研究－中国
Ⅳ.①F279.23

中国国家版本馆 CIP 数据核字（2023）第 018392 号

责任编辑：彭　波　　　　　　　责任印制：史大鹏
封面设计：卜建辰　　　　　　　责任校对：张　凡

中国财政经济出版社 出版
URL：http：//www.cfeph.cn
E－mail：cfeph@cfeph.cn

社址：北京市海淀区阜成路甲 28 号　邮政编码：100142
营销中心电话：010－88191522
天猫网店：中国财政经济出版社旗舰店
网址：https：//zgczjjcbs.tmall.com
北京财经印刷厂印刷　各地新华书店经销
成品尺寸：170mm×240mm　16 开　13.75 印张　179 000 字
2023 年 2 月第 1 版　2023 年 2 月北京第 1 次印刷
定价：68.00 元
ISBN 978－7－5223－1893－6
（图书出现印装问题，本社负责调换，电话：010－88190548）
本社质量投诉电话：010－88190744
打击盗版举报热线：010－88191661　QQ：2242791300

前　言

伴随着科学技术的迅猛发展，技术变革在经济增长和社会发展过程中发挥了巨大的作用，自 20 世纪 30 年代末 Schumpeter 提出技术创新理论以来，技术创新引起了学者和企业家的广泛关注。经济全球化的加速和知识经济的发展，使经济环境不确定性日益增加，技术创新成为社会经济发展的主要动力源泉。作为社会的基本经济细胞，企业是重要的创新主体，其本身也需要通过开展技术创新获得竞争优势。在动态复杂的市场环境中，企业不仅要重视内部创新力量，通过自主研发推动创新发展，而且要依托外部力量，形成创新合力。实践中，企业实施技术创新的模式从独立自主研发转向联合开展技术创新；学术界对创新的研究也随之变化，开放式创新逐步成为学者们关注的热点；如何大力驱动创新、提升创新绩效是企业和理论界共同关注的重要话题。

相较于战略制定，战略执行涉及的人员更广、花费的时间更多，企业创新战略的实施和创新绩效的取得，既需要员工对创新战略的认同和实践，也需要外部合作伙伴的共同参与。创新可能是现有资源的组合，也可能是企业对资源的重构，开放的社会环境为企业发现机会、获得资源提供了更多的可能性。知识是重要的组织资源，是企业持续获得竞争优势和高绩效的重要驱动力量，也是企业开展创新活动的基础。认知决定个体面对外在环境刺激时做出的行为反应，进而对结果产生影响；认知不仅存在于个体层面，也存在于组织层面。任何企业的发展都离不开各利益相关者的投入或参与，作为企业重要的利益相关者，员工和供应链合作伙伴对于企业战略的共同认知和支持对企业战略目标的实现至关重要。战略共识是利益相关者对企业战略议题的一种认知状态，引导和激励创新主体进行知识共享，进而推动内外部创新力量有效执行创新战略、充分发挥内外部知识资源在创新中的作用。

与此同时，战略共识对知识共享和技术创新绩效的影响受到外在环境的影响。预测性的社会线索对行为以及行为的效果有重要的调节作用，组织协同是创新主体协调一致完成创新的重要保证，有利于创设良好的交互氛围。本书考虑情境化特征，进一步回答在什么情境下战略共识有效激励员工或供应链合作伙伴进行知识共享，提高技术创新绩效。在此基础上，为了进一步探讨内外部因素相互联动影响技术创新绩效的机制，本书还将尝试突破传统线性模型的限制，基于QCA方法分析内外部多个因素的联合效应对技术创新绩效的影响，揭示内外部战略共识、知识共享、组织协同等因素的“联合效应”和“互动关系”，帮助企业充分理解战略共识影响技术创新绩效的复杂关系，为企业提升技术创新绩效提供理论指导。

相较于已有文献，本书可能的创新之处在于：

(1) 从协同视角分析战略共识影响技术创新绩效的机理。随着社会分工的不断细化，除了专注于自身核心技术培养，企业如何获取外部知识或资源也显得愈发重要，企业的内、外部知识在一定程度上处于同等重要的地位。由于信息不对称，企业获取外部知识的成本比较高，合作创新的成效往往取决于成本收益的比较。相对于完全外部市场环境，供应链情境中企业之间合作比较密切，获取信息与知识的成本相对较低，特别是当企业之间达成战略共识时，可以通过外部知识共享提高技术创新绩效。因此，本书从企业内部、外部两个方面讨论战略共识对技术创新绩效的影响。与已有文献着重基于内部或者外部的研究视角不同，从内外部协同的研究视角进行讨论，有助于我们更加全面地分析内部创新源和外部创新源对技术创新绩效的影响。更进一步地，通过内部、外部以及内外部协同视角的分析，能够指导企业关注内部创新和外部创新，更综合辩证地看待自主创新和合作创新的作用。

（2）推演和分析协同创新战略共识对技术创新绩效的影响。本书尝试在传统战略共识概念的基础上，从员工和供应链合作伙伴这两个企业重要的利益相关者的角度，提出内外部战略共识概念，强调企业内外部互动的重要性，指出内外部战略共识对知识共享和技术创新绩效的重要作用。企业既要追求内部“上下同欲者胜”，也要关注与供应链合作伙伴之间的“君子和而不同”。战略共识促使人力资本和合作伙伴发挥协同创新作用，实现技术创新绩效的提升。在一定条件下，内部战略共识和外部战略共识均能为企业带来技术创新绩效的提高。本书通过演化博弈分析和实证检验，更深入地讨论内外部战略共识与技术创新绩效之间的作用机制。员工战略共识与供应链合作伙伴的战略共识都有利于技术创新绩效的提高；进一步地，内外部战略共识、内外部知识共享、内外部组织协同等因素的组合形成了促进技术创新绩效提高的不同路径，这也在一定程度上解释了为什么不同的企业发展路径不完全相同，但是都可能取得良好的技术创新绩效。

(3) 运用定性比较分析法（QCA）探索影响技术创新绩效前因要素的组合效应。定性比较分析法通过对导致相同结果的不同因果路径的探索，实现对不同情境“多重并发因果关系”的评估，近年来在管理学研究等各个领域被广泛应用。由于各影响因素往往无法单一驱动技术创新绩效，现有经济环境下的企业无法仅仅依靠内部力量或外部力量完成全部创新活动。因此，本书在理论分析和定量分析的基础上，进一步运用定性比较分析法，探索内外部战略共识、知识共享和组织协同等因素对技术创新绩效的组合效应，发掘内外部因素对技术创新绩效的组合式提升路径，力求打破过往研究中定量分析方法只能进行单一模型分析的限制。通过分析内外部因素互动可能产生的替代作用或互补作用，探索内外部战略共识、知识共享、组织协同等多种因素的“联合效应”和“互动关系”，解释了协同视角下内外部多个前因要素影响技术创新绩效的复杂关系与作用路径。

目　录

第1章　绪论 ········ 1

1.1　研究背景 ········ 2

1.2　问题的提出 ········ 4

1.3　相关概念界定 ········ 7

1.4　研究内容与框架 ········ 10

1.5　研究方法与技术路线 ········ 12

1.6　研究的创新点 ········ 14

第2章　相关研究文献综述 ········ 17

2.1　战略共识的研究综述 ········ 18

2.2　知识共享的研究综述 ········ 25

2.3　组织协同的研究综述 ········ 32

2.4　创新绩效的研究综述 ········ 36

2.5　研究评述 ········ 43

第3章　战略共识影响技术创新绩效的机理分析 ········ 45

3.1　内部战略共识的影响分析 ········ 47

3.2 外部战略共识的影响分析 …… 58
3.3 内外部战略共识的影响分析 …… 75
3.4 本章小结 …… 90

第4章 内部战略共识影响技术创新绩效的实证分析 …… 93

4.1 问题提出 …… 94
4.2 研究假设 …… 95
4.3 数据收集与变量测量 …… 102
4.4 实证结果与分析 …… 112
4.5 总结与管理启示 …… 119

第5章 外部战略共识影响技术创新绩效的实证分析 …… 121

5.1 问题提出 …… 122
5.2 研究假设 …… 123
5.3 数据收集与变量测量 …… 130
5.4 实证结果与分析 …… 137
5.5 总结与管理启示 …… 143

第6章 内外部因素联动效应影响技术创新绩效的定性比较分析 …… 145

6.1 问题提出 …… 146
6.2 模型构建与研究方法选择 …… 147
6.3 定性比较分析 …… 150
6.4 结果讨论 …… 156
6.5 总结与管理启示 …… 159

第7章 研究结论与展望 …… 161

7.1 研究结论 …… 162

7.2 理论贡献与实践启示 …… 163

7.3 研究不足与展望 …… 167

附录：调查问卷 …… 169

参考文献 …… 174

协同视阈下战略共识对企业技术创新绩效的影响研究
Chapter 1

第1章 绪 论

1.1 研究背景

1.1.1 现实背景

伴随着科学技术的不断发展和信息流动的全球化加速，技术创新在社会经济发展中发挥了重要作用。新技术、新产品不断涌现，企业面临前所未有的生存压力和发展机遇。在不确定性日益增加的市场环境中，创新成为企业生存和发展的必然选择（张军等，2014）。当下，创新越来越受到企业的重视，为企业优化产品服务、满足市场需求提供了不竭动力。大力发展创新、提升创新绩效已经成为企业发展战略的重要部分。作为社会的基本经济细胞，企业是重要的创新主体，其本身也需要通过开展技术创新获得竞争优势。

最初的创新主要依靠内部研发，这被认为是企业保证技术秘密和成果独享的重要手段，是确保企业技术领先和超越竞争对手的战略资产。此时，企业较少与外部开展创新合作，基本以独立创新为主。例如，宝洁公司在早期发展的过程中，采取“自建、自研、自有”的本地研发模式，独立开发所有的技术和解决方案，把整个创新过程全部置于企业内部，获得了巨大的成功。但是，随着市场的加速变化和全球化发展，企业自有资源以及内部创新的效率已经无法满足公司的发展需求，企业新产品商业化的速度无法跟上市场需求的变化。内部创新已经无法适应新的经济环境，开放式创新应运而生，外部资源整合、技术出售等方式成为企业提高研发速度、获得创新产出的新路径。

在互联网技术普及的数字化时代，协同的概念被不断提及，成为效率增长的重要来源。企业不仅要积极推动组织内各部门之间的联动，还要主动打破组织边界，与生态系统中的伙伴联动，以此获得系统整体效率提高，才能更好地实现共生、共赢。在高度动态变化的商业环境中，企业无法完全凭借一己之力实现创新全过程，越来越多的企业通过协同的方式从企业内外部获取创新资源，从而推动企业绩效的提升。例如，宝洁公司一改过去本地研发的传统创新模式，将研发工作扩展到研发部门以外、公司以外的创新主体，从而使公司大约有一半的创新来源于外部连接（Sakkab，2002）。除此之外，海尔、华为等国内优秀企业也在很大程度上得益于开放式创新策略，获得了快速发展。因此，在竞争激烈且充满不确定性的市场中，如何通过内外部创新协同实现共生共赢，充分发挥内、外部优势，促进企业创新水平和技术创新绩效的提高，是企业探索和关注的重要问题。

1.1.2 理论背景

基于企业创新实践的不断变化，学术界关于创新的研究也在不断发展，从早期关注独立创新，逐渐转变为关注开放式创新和协同创新。早期的研究认为，企业进行本地化知识搜寻的成本较低，而且相对容易（Helfat，1994；Martin and Mitchell，1998）。然而，随着商业环境的变化，学者们发现仅仅依赖企业内部研发人员的封闭式创新存在弊端，过度依赖本地化搜寻会限制企业创新，还可能由于“非此处创造”而排斥外部知识，阻碍企业创新绩效的提高。在此背景下，Chesbrough（2003）正式提出开放式创新概念，引起了学术界和实务界的广泛关注，成为21世纪创新管理研究中最令人兴奋和最具实践生命力的主题（陈劲，2012）。在全球化竞争日益激烈、市场环境高度动态变化的情境下，企业不仅应该重视自有知识的积累和创造，还应该积极与社会公共组织、供应商、客户等建立合作关系（Liu et al.，2014；胡琴芳等，2019），获得富有价值的外部知识，以提高创新能力和绩效。

与专注企业内部的独立创新不同，开放式创新认为企业之间组织边界可以相互渗透，企业创新思想的来源不再局限于内部的研发部门和其他部门，也可以来自组织外部。同样地，组织内的创新思想也可以跨越组织边界，进入外部市场，实现额外的价值（Chesbrough，2003）。组织边界的开放性使企业和外部组织之间形成一张知识交易网络，为企业借助更广泛的外部知识和技术提供条件，企业应该能够利用内外部创新思想、市场途径来提升创新绩效（朱朝晖，2008）。陈钰芬和陈劲（2009）强调开放式创新不是简单地依靠外部创新资源，内部研发的作用也很重要，并提出了开放式创新的机理与作用路径模式。如何整合内外部资源，帮助企业提高创新水平，在不确定性日益增加的市场中取得良好的绩效，成为理论研究的热点和重点（陈三可，2017）。有学者在开放式创新的基础上进一步提出协同创新，相较于开放式创新，协同创新是一项更为复杂、更重视要素结合效果的创新方式，也可以说是开放式创新的一种特殊形式（陈劲，2012）。在持续动态的环境下，无论是企业自身，还是企业外部成员，都需要具有在动态中构建有效协作关系的能力。

1.2 问题的提出

自20世纪30年代末Schumpeter提出技术创新理论以来，伴随着科学技术的迅猛发展，技术变革在经济增长和社会发展过程中发挥了巨大的作用，技术创新引起了学者和企业家的广泛关注。技术创新是经济发展的动力之源，推动着社会经济的不断发展。作为社会的基本经济细胞，企业日益成为重要的创新主体，企业的技术创新是经济发展的重要动力。高新技术企业更是被视为破解创新难题、实现创新发展的主力军（吴晓云和杨冠华，2019）。对企业本身而言，面对市场经济和对外开放条件下的日益激烈的竞争，企业需要开展技术创新以获得竞争优势，而企业实施技术创新的模式也从独立自主研发转向联合开展技术创新。企业创新战略的实施和创新绩效的取得，不仅需要员工对创新战略的认同和实践，还需要组织外部合作伙伴的支持。任何企业的发展都离不开各利益相关者的投入或参与（Freeman，1984）。利益相关者就战略问题达成一致性的理解和认知是企业战略得以有效执行的重要前提和保障（魏虹和陈传明，2013）。在进行战略与企业绩效的关系研究时，不考虑战略共识的做法是缺乏解释力的（Parnell，2002）。员工和供应链合作伙伴是企业重要的利益相关者，他们对于企业战略的共同认知和支持是战略实施的重要保证，对企业战略目标的实现至关重要。一方面，只有企业员工理解和认同组织创新战略，积极参与战略实施，才能确保精心制定的战略得到有效执行，由此创造企业竞争优势（杨付等，2014）；另一方面，供应商和客户的参与是企业创新的重要来源（杨帆，2016），合作创新活动提高供应链整体的竞争优势，同时也会使企业本身获得持续性创新优势（王长峰和徐滴石，2018），供应链合作伙伴之间建立战略共识可以促进双方合力开展创新活动、提高创新绩效。

创新可能是现有资源的组合（Schumpeter，1934；Fleming，2001），也可能是企业对资源的重构（Kaplan and Vakili，2015），开放的社会环境为企业发现机会、获得资源提供了更多的可能性。知识是重要的组织资源，是企业持续获得竞争优势和高绩效的重要驱动力量（Spender and Grant，1996），也是企业开展创新活动的基础（姚艳虹和张翠平，2019）。良好的知识管理是企业获得生存和发展的重要因素，而知识共享是知识管理研究中最主要的部分（Sedighi et al.，2017）。作为知识管理的核心环节，知识共享保证创新的有效开展，促进知识发挥效用，提高创新绩效（Quigley et al.，2007）。伴随着知识经济的发展，员工个体价值崛起，如何鼓励员工积极进行知识共享成为企业发展过程中的难点（徐劲松和陈松，2018）。与此同时，面对不断变化的外部环境，企业组织边界发生了变化，如何促进有效的外部合作，获得创新所需的知识也是企业要解决的问题。

本书分析员工、供应链合作伙伴等利益相关者关于协同开展创新的战略共识对企业技术创新绩效的影响。分别从企业内部视角和外部视角，主要关注员工战略共识以及企业与供应链合作伙伴的战略共识。在分析战略共识与技术创新绩效的关系时，本书引入知识共享，以更好地分析战略共识对技术创新绩效的影响。战略共识是利益相关者对企业战略议题的一种认知状态（黄再胜，2010）。认知决定个体面对外在环境刺激时做出的行为反应（Bandura，1986），进而对结果产生影响；认知不仅存在于个体层面，也存在于组织层面（李旭文和齐中英，2019）。在知识经济时代，技术进步不断加快、经营环境充满不确定性，知识是重要的创新资源（李柏洲和夏文飞，2019），促进创新的有效开展。战略共识推动知识主体进行知识共享（Lyu et al.，2020），由此带来的知识多样性对提高技术创新绩效有重要作用。从这个方面来看，知识共享很可能在战略共识与技术创新绩效的关系中起中介作用。在缺乏当前外在诱因的条件下，认知对行动起到引导和激励的作用，使行为得到长期的指引和维持。为理解某些因素的作用，不必考虑结果变化反过来对这些因素的影响（Bandura，1986），因此，为了更好地理解战略共识如何通过知识共享影响技术创新绩效，本书暂不考虑技术创新绩效的变化反过来对战略共识的影响。此外，战略共识对知识共享和技术创新绩效的影响受到外在环境的影响。预测性的社会线索对行为以及行为的效果有重要的调节作用（Bandura，1986），组织协同是创新主体协调一致完成创新的重要保证（何郁冰，2012），有利于创设良好的交互氛围。本书分别考虑内外部组织协同作为研究内外部战略共识与知识共享、技术创新绩效关系的边界条件，考虑情境化特征，进一步回答在什么情境下战略共识有效激励员工或供应链合作伙伴进行知识共享，提高技术创新绩效。在此基础上，为了进一步探讨内外部因素相互联动影响技术创新绩效的机制，本书还将尝试突破传统线性模型的限制，基于QCA方法分析内外部多个因素的联合效应对技术创新绩效的影响，揭示内外部战略共识、知识共享、组织协同等因素的“联合效应”和“互动关系”，帮助企业充分理解战略共识影响技术创新绩效的复杂关系，为企业提升技术创新绩效提供理论指导。

1.3 相关概念界定

1.3.1 战略共识

战略的思想源自军事学，在中国，《孙子兵法》被认为是最早对战略思想进行系统论述的书籍；在国外，战略的英文表达strategy来自希腊语strategos，指将兵的艺术（郭勇峰，2012）。20世纪50年代，哈佛商学院最早在企业经营领域引入战略的概念，之后战略管理理论不断发展（Snow and Hambrick，1980）。著名的战略管理学者Ansoff（1965）指出，战略是企业为适应环境变化做出的面向未来的决策，并且探讨了企业发展的范围和方向问题。Andrews（1971）建立SWOT矩阵，认为战略是企业对自身条件和外部环境的匹配。Minkes和Foxall（1980）、Miller和Friesen（1982）认为战略的形成往往取决于企业家的智慧和洞察能力，强调战略的前瞻性和创新性。Teece（1997）提出战略管理的动态能力观，结合能力理论和演化理论，强调战略的动态调整和及时响应。由此可见，不同的学者和战略管理流派对战略的见解也不完全一致。综合主流的研究观点，本书认为战略是企业在对内外部环境、资源和能力等因素考察的基础上，制定的关于如何获得竞争优势的策略。

共识在英文中表述为“common understanding”“consensus”“the same opioion”等，国内外学者从多个方面对共识进行了讨论。Habermas（1976）提出，在交往行为中通过“商谈共识”，在个体之间、社群之间进行充分的对话，以达成共识。Miller 和 Bogdanor（1987）将共识定义为在一定时空范围内的个人之间共享的信念、规范和价值观念。我国古代思想家孔丘提出“君子和而不同”的主张，指出在人际交往中可以与他人保持存在差异的一致性。甘绍平（2002）认为共识可以分为事实共识和理性共识，前者基于传统的熟人社会而存在，后者则基于经过理性论证的利益。在《现代汉语词典》中，共识被解释为共同的认识。总体来讲，共识是主体之间就特定客体达成的共同的见解或认识。

本质上，战略共识是企业利益相关者群体对战略议题的共同理解，反映的是一种认知状态（黄再胜，2010）。在组织内部，本书关注的是员工战略共识，员工包括除企业家和高管之外的中层经理和基层主管（黄再胜，2011；杨建君和徐国军，2016；张平，2019；González－Benito et al.，2012；Ateş et al.，2020）。员工了解组织目标以及实现组织目标的方法至关重要（Mahto and Davis，2012），战略的实施效果需要组织中各级员工对战略的理解和积极执行（段升森等，2021）。组织内部所有员工对企业某一战略目标以及实现目标的方法的一致性认知程度，即为内部战略共识。战略共识不仅存在于企业内部，也存在于企业与企业之间，尤其是供应链合作企业之间，他们往往基于对市场预期和企业价值观的共同认知，达成战略共识，进行战略合作。借鉴黄再胜（2010）、刘华芳和杨建君（2013）、魏虹和陈传明（2013）关于战略共识的内涵界定，本书将企业之间的战略共识定义为外部战略共识，指的是企业经过理性计算，在事关长远发展或重大利益的问题上，认为合作更符合自身利益要求，并且预期对方会给予正向回应，是企业双方对事关彼此战略利益方面协同合作、相互信任的一致性认知程度。在组织外部，本书关注的是供应链合作伙伴之间的战略共识。

需要特别强调的是，由于战略的类型有多种，本书的战略主要指的是协同开展创新的战略，并且这些战略被普遍认为是合理且有效的。如果企业内外部利益相关者对协同创新战略达成一致意见并表达明确的协作意愿，就称为达成战略共识。战略的制定和有效执行对企业创新具有同等重要的作用，战略共识有利于推动内外部创新力量更好地实施创新战略。因此，本书认为，针对协同创新的战略共识是影响技术创新绩效的前提条件。

1.3.2 组织协同

协同在英文中可表述为“collaboration”“cooperation”和“synergy”等，在《汉语大词典》中被解释为齐心协力、相互配合。协同现象普遍存在于宇宙间的一切领域之中，人类生存、生产发展和社会进步都离不开协同。协同现象是和人类社会共同出现，并伴随着人类社会的发展而不断发展的。学者们在研究人与自然、人与人甚至整个宇宙时，都会涉及“协同”这一理念。可以说，协同的思想历史悠久，无论是远古的哲学家，还是现代的自然和社会科学家，都对协同有着自己独到的理解和学术贡献。

Ansoff（1965）指出，不同的资源或者个体相互协作，为完成某一目标共同努力，会产生“1+1>2”的协同效应。陈劲（2012）指出，协同是指元素对元素的相干能力，表现了元素在整体发展运行过程中协调与合作的性质。结构元素各自之间的协调、协作形成拉升效应，推动事物共同前进。对事物双方或多方而言，协同的结果使个体获益，整体加强，共同发展。导致事物间属性互相增强、向积极方向发展的相干性即为协同性。在一个系统内，如果各子系统或各要素不能很好地协同，甚至相互拆损，那么系统必然会表现出无序状态，最终因无法发挥整体性功能而瓦解。相反，如果各子系统或各要素能很好地协同、相互配合，那么系统将呈现出有序状态，多种力量聚集形成超过各自原有功能总和的新力量，协同效应由此产生。

现代管理实践中普遍存在组织协同现象。何郁冰（2012）指出组织协同保证创新主体协同发挥作用。新技术和新产品逐渐进入人们的日常生活，人们的需求越来越多元化，系列产品和组合产品逐渐获得消费者的青睐。管理实践者在新产品开发领域应用协同思想研发新技术，推动产品设计、生产和销售等方面的协作运营，并将这一理念扩展至供应链合作伙伴甚至竞争企业的协作中。因此，我们有必要关注创新中的组织协同现象。

借鉴 Ansoff（1965）、陈劲（2012）关于协同的定义，本书认为组织协同是指两个以上的资源或个体，协调一致地完成某一目标的过程或努力。具体地，这一定义主要包括三个方面：第一，内部组织协同，指组织内部成员之间共同实现组织目标的活动，包括部门之间、员工之间的协作；第二，外部组织协同，是指企业与合作伙伴共同努力协作进行创新活动，考虑到供应链合作伙伴的重要性，本书的合作伙伴主要指供应链合作伙伴，如企业的供应商、客户等；第三，企业内外部协同，指企业内部和企业外部在创新过程中的协作，包括创新所需要的知识等重要资源在企业内外部共享带来的供应链成员和供应链整体利益的加强。

1.4 研究内容与框架

根据技术路线设计，同时结合对研究内容和研究方法的考虑，本书的章节安排如下：

第 1 章，绪论。如何提高企业核心竞争力和持续创新能力是中国企业迫切需要解决的现实问题。本章从企业面临的现实问题出发，介绍研究背景，结合现有理论研究，提炼出本书所要研究的问题，界定相关概念，并对全书的技术路线图、研究方法、结构安排、创新点等进行介绍。

第2章，相关研究文献综述。梳理国内外相关研究的发展脉络和研究现状，对战略共识、知识共享、组织协同、创新绩效等相关的主要内容进行文献综述与评价，明确本书研究的切入点，为本书的研究奠定基础。

第3章，战略共识影响技术创新绩效的机理分析。借助演化博弈模型，分析内外部战略共识影响知识共享以及创新绩效的作用机制。以组织边界为依据，本书将战略共识分为内部战略共识和外部战略共识，将知识共享分为内部知识共享和外部知识共享。在此基础上，本书使用演化博弈分析，构建企业内员工—员工、员工—高管演化博弈模型，讨论内部战略共识影响知识共享和技术创新绩效的作用机制；构建企业—企业、企业—监管机构演化博弈模型，讨论外部战略共识影响知识共享和技术创新绩效的作用机制；构建员工—企业—监管机构三方演化博弈模型，讨论内外部战略共识影响技术创新绩效的作用机制。

第4章，内部战略共识影响技术创新绩效的实证分析。组织和员工建立信任的最重要方式是形成共识，内部战略共识对激发员工工作投入、激活员工创造力有重要作用，具有战略共识的员工会进行更多的知识分享，技术创新绩效由此得到提升。本章从员工对企业战略认知的视角分析内部战略共识、内部知识共享与技术创新绩效的关系，并进一步探讨内部组织协同的调节作用。在国内外成熟量表的基础上，结合中国情境和研究目的，对内部战略共识、内部组织协同等进行量表开发，通过访谈、调查等方式搜集数据。然后结合调研数据进行假设检验，分析内部战略共识、内部知识共享、内部组织协同等对技术创新绩效的影响，并根据研究结果进行分析讨论。

第5章，外部战略共识影响技术创新绩效的实证分析。供应链合作伙伴关系密切，外部战略共识促进供应链企业间的知识共享，进而提高技术创新绩效。本章以供应链合作伙伴战略共识为切入点，考察外部战略共识、知识共享影响企业技术创新绩效的作用机制，并讨论外部组织协同的调节作用。基于供应链企业的合作情境，进行外部战略共识等的量表开发，然后结合调研数据验证外部战略共识、外部知识共享等影响技术创新绩效的研究假设。最后，基于外部战略共识、外部知识共享、外部组织协同和技术创新绩效关系的实证检验结果，进行分析讨论。

第6章，内外部因素联动效应影响技术创新绩效的定性比较分析。技术创新绩效的提升不仅依赖组织自身，还依赖外部合作伙伴尤其是供应链合作伙伴。当内外部资源有效协同时，能够更好地提高技术创新绩效。因此，在内部战略共识和外部战略共识对知识共享以及技术创新绩效作用机制分析的基础上，进一步从组态的角度分析内外部因素联动效应对技术创新绩效的作用。本章运用定性比较分析方法深入探讨内外部战略共识、知识共享、组织协同对技术创新绩效的作用，探索产生高创新绩效、非高创新绩效的组态，讨论高创新绩效和非高创新绩效的驱动机制，以期为企业提高技术创新绩效提供有益的建议。

第7章，研究结论与展望。阐述并总结本书的主要结论和理论贡献，结合研究结论提出对策建议。同时，分析研究中没有深入探讨的问题或是没有涉及的方向，为后续的研究方向提出展望。

1.5 研究方法与技术路线

1.5.1 研究方法

为了探讨内外部战略共识与技术创新绩效之间的关系，根据研究内容以及研究特点，本书拟采用定性和定量相结合的分析方法，采用文献研究、博弈分析、问卷调查、统计检验、定性比较分析等方法进行研究。具体方法如下：

（1）文献研究法。主要通过对现有文献回顾等方法，检索和搜集与本书研究内容相关的各种文献和资料，对战略共识、知识共享、组织协同、创新绩效等内容进行回顾和详细梳理，总结与研究主题相关的国内外研究成果以及存在的不足，期望对本书的讨论提供研究基础。

（2）演化博弈分析法。结合文献评述，运用演化博弈分析法，进行问题描述与参数设定、演化博弈过程分析、均衡点的稳定性分析和博弈结果分析，探讨员工与员工、企业与企业之间的知识共享动态决策机制，讨论内外部战略共识对知识共享的影响，进而分析内外部战略共识影响技术创新绩效的作用机理。

（3）问卷调查法。针对研究涉及的具体问题，以现有研究量表为基础，结合本书研究目的进行适当修改，向被调查对象了解情况。为确保研究数据的客观性和有效性，本书在问卷设计、发放、回收、整理等环节尽可能做到科学合理。通过问卷调查法，形成战略共识、知识共享、组织协同和技术创新绩效等的分析数据。

（4）实证分析法。利用 SPSS、AMOS 等统计工具进行数据的信度检验、效度检验，对回收样本进行描述性统计、相关分析，并通过多元回归分析、PROCESS 宏的 bootstrap 检验，验证研究假设成立与否，进一步明确企业内外部战略共识对技术创新绩效的作用机制，分析知识共享的中介作用和组织协同的调节作用。

（5）定性比较分析法（QCA 法）。本书在统计检验的基础上，结合内部视角、外部视角对技术创新绩效的分析，借助定性比较分析方法，将内外部战略共识、知识共享、组织协同等影响技术创新绩效的要素纳入一个分析框架，突破传统研究中的因果对称性，探索内外部多个影响因素的不同组态与技术创新绩效的关系，为企业提高创新绩效提供多路径参考。

1.5.2　技术路线

本书在对现有相关文献进行综述的基础上，首先运用演化博弈模型讨论内外部战略共识对知识共享决策的影响，以及由此导致的技术创新绩效的差异。其次，以组织边界为依据，分别从内部视角、外部视角构建战略共识影响创新绩效的理论模型。再次，根据研究目的实施问卷调查和数据搜集工作，对研究假设和理论模型进行实证检验。在上述研究的基础上，运用定性比较分析法，从组态视角构建理论模型，进一步深入探讨内外部多个因素的组合效应对技术创新绩效的影响。最后，根据理论分析和检验结果，提出企业提升技术创新绩效的可行性建议。本书的技术路线详见图 1 –1。

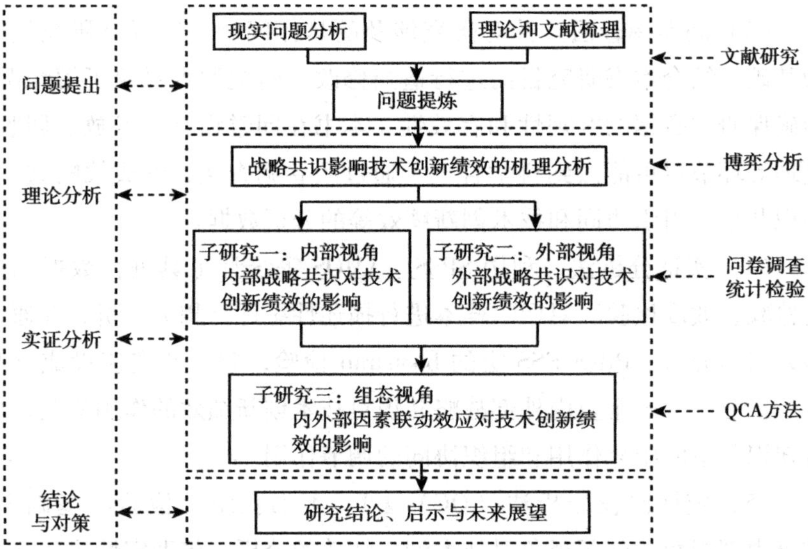

图 1 –1　技术路线

1.6　研究的创新点

在国内外文献的基础上，本书从协同视角出发，分析战略共识对技术创新绩效的影响，讨论知识共享的中介作用和组织协同的调节作用。在借鉴现有理论和研究方法的基础上，借助调查研究数据进行分析。相较于已有文献，本书可能的创新之处在于：

创新点一：从协同视角分析战略共识影响技术创新绩效的机理。随着社会分工的不断细化，除了专注于自身核心技术培养外，企业如何获取外部知识或资源也显得愈发重要，企业的内、外部知识在一定程度上处于同等重要的地位。由于信息不对称，企业获取外部知识的成本比较高，合作创新的成效往往取决于成本收益的比较。相对于完全外部市场环境，供应链情境中企业之间合作比较密切，获取信息与知识的成本相对较低，特别是当企业之间达成战略共识时，企业可以通过外部知识共享提高技术创新绩效。因此，本书从企业内部、外部两个方面讨论战略共识对技术创新绩效的影响。与已有文献着重基于内部或者外部的研究视角不同，本书从内外部协同的研究视角进行讨论，有助于我们更加全面地分析内部创新源和外部创新源对技术创新绩效的影响。更进一步地，通过内部、外部以及内外部协同视角的分析，能够指导企业关注内部创新和外部创新，更综合辩证地看待自主创新和合作创新的作用。

创新点二：推演和分析协同创新战略共识对技术创新绩效的影响。本书尝试在传统战略共识概念的基础上，从员工和供应链合作伙伴这两个企业重要的利益相关者的角度，提出内外部战略共识概念，强调企业内外部互动的重要性，指出内外部战略共识对知识共享和技术创新绩效的重要作用。企业既要追求内部“上下同欲者胜”，也要关注与供应链合作伙伴之间的“君子和而不同”。战略共识促使人力资本和合作伙伴发挥协同创新作用，实现技术创新绩效的提升。在一定条件下，内部战略共识和外部战略共识均能为企业带来技术创新绩效的提高。本书通过演化博弈分析和实证检验，更深入地讨论内外部战略共识与技术创新绩效之间的作用机制。员工战略共识与供应链合作伙伴的战略共识都有利于技术创新绩效的提高；进一步地，内外部战略共识、内外部知识共享、内外部组织协同等因素的组合形成了促进技术创新绩效提高的不同路径，这也在一定程度上解释了为什么不同的企业发展路径不完全相同，但是都可能取得良好的技术创新绩效。

创新点三：运用定性比较分析法（QCA）探索影响技术创新绩效前因要素的组合效应。定性比较分析法通过对导致相同结果的不同因果路径的探索，实现对不同情境“多重并发因果关系”的评估（Roig－Tierno et al.，2016），近年来在管理学研究等各个领域被广泛应用（杜运周和贾良定，2017）。由于各影响因素往往无法单一驱动技术创新绩效，现有经济环境下的企业无法仅仅依靠内部力量或外部力量完成全部创新活动。因此，本书在理论分析和定量分析的基础上，进一步运用定性比较分析法，探索内外部战略共识、知识共享和组织协同等因素对技术创新绩效的组合效应，发掘内外部因素对技术创新绩效的组合式提升路径，力求打破过往研究中定量分析方法只能进行单一模型分析的限制。通过分析内外部因素互动可能产生的替代作用或互补作用，探索内外部战略共识、知识共享、组织协同等多种因素的“联合效应”和“互动关系”，解释了协同视角下内外部多个前因要素影响技术创新绩效的复杂关系与作用路径。

协同视阈下战略共识对企业技术创新绩效的影响研究
Chapter 2

第2章　相关研究文献综述

本书关注战略共识、知识共享和组织协同对企业技术创新绩效的影响。战略共识推动内外部创新力量更好地实施创新战略；知识是重要的创新资源，知识共享为创新提供更加丰富多元的知识；组织协同能够为创新的有效开展创设良好的氛围。因此，本书将运用文献研究法，对战略共识、知识共享、组织协同和创新绩效等已有公开发表的相关文献资料进行综述。基于此，本书主要聚焦于对本文分析有启发意义的相关内容进行文献回顾和理论评述，主要包括：战略共识的内涵及其对组织绩效的影响、知识共享的内涵与影响因素、组织协同的内涵与作用、创新绩效的内涵与影响因素等。

2.1 战略共识的研究综述

2.1.1 战略共识的内涵

在最基本的层面上，共识被简单地描述为集体决策所有各方的一致意见（Dess and Origer，1987）。在公司战略的背景下，一致意见被称为战略制定者之间就公司目标和实现目标的竞争方法达成的协议（Dess and Priem，1995）。Bourgeois（1980）最早提出战略共识的概念，他指出战略共识是战略决策团队内部关于组织的战略目标和实现方法的意见的一致性程度。该定义得到了学者们的广泛认可，并被不断发展和完善（Wooldridge and Floyd，1989；Noble，1999）。Floyd等（1992）、Homburg等（1999）将战略共识定义为管理人员关于企业战略重点的看法一致性程度，Kellermanns等（2005）将战略共识描述为管理者对战略优先事项的共同理解。战略共识是高层和团队过程理论的一个重要变量（Knight et al.，1999），是高层决策过程研究中的一个关键概念要素。共识是高管团队过程中最重要的方面之一（Finkelstein and Hambrick，1996），其他的团队研究中也非常关注战略共识（Dooley et al.，2000）。Aguinis 等（2011）指出战略共识是一个独特的结构，研究者从微观和宏观层面进行了许多研究。

随着研究的深入，Rapert 等（2002）提出战略共识是企业各级员工关于战略重点的共享式理解。各级员工对本企业战略的理解程度、认同程度和执行意愿，是影响企业战略执行力和战略绩效的重要因素（黄再胜，2010）。薛云奎等（2005）认为，战略共识是企业在战略制定、澄清和沟通过程中所实现的各层级员工和外部利益相关者对公司目标和战略的认同感和责任感。黄亮和张建琦（2009）指出战略共识包括企业高管、基层员工和企业外部利益相关者对战略的理解和认同，以及高管和基层员工对战略的行动承诺等。战略共识是指组织中的一群个体对某个与战略相关的特别内容的共享理解（Kellermanns et al.，2005），以及由共同认知而引发的在战略实施过程中的协调与合作，即对战略执行的承诺（Amason，1996）。Woolridge 和 Floyd（1989）指出，战略共识包括内容（对什么达成共识）和范围（谁对战略达成共识）两个方面。针对战略共识的定义，学术界尚未形成统一的定义。为此，本书就战略共识的内容、范围等方面的差异进行回顾。

关于共识的研究将战略共识分解为两个不同的组成部分：战略目标和实现目标的方法，对于是否需要就这两点全部达成共识，不同的学者持有不同的观点。Dooley 等（2000）认为，首席执行官和高层管理团队成员参与了组织战略目标的制定，并且拥有战略目标的知识，他们致力于达成战略目标共识。Mintzberg（1994）认为，尽管在组织目标上达成了共识，但是如果组织成员使用不同的手段来实现既定的目标，他们的行为可能与组织目标不一致。因此，有必要就目标和实现既定目标的手段达成共识（Bourgeois，1985）。而对于就战略目标和实现目标的方法这两项内容达成共识的先后顺序，现有的观点也不一致（González－Benito et al.，2012）。有的学者认为管理者在开始讨论实现目标的方法之前，必须首先就目标达成共识。例如，

Armstrong（1982）开发了一个战略规划过程模型，表明目标的具体化是战略选择（如竞争方法）的前提，Bourgeois（1980）也提供了一个概念上的因果链，基于目标确定方法和内容，再推动公司业绩，他认为关于目标的讨论应在制定实现目标的方法之前进行。有的学者认为目标和方法的共识不应按顺序发展，而应同时发展。例如，Bourgeois（1980）、Dess 和 Origer（1987）指出战略是一个反复的过程，目标不一定在考虑备选方案时就确定，目标和手段可以根据具体情况进行调整和彼此适应。Pagell 和 Krause（2002）认为竞争方法共识可能是目标共识的驱动力，竞争方法共识可能有利于合作和提高凝聚力。每个职能部门的负责人首先达成竞争方法共识，再达成目标共识（Aguinis，2009）。González - Benito 等（2012）也认为应先在竞争方法上达成共识。

在战略共识范围方面，最初的战略共识主要研究高管团队内部对企业战略的一致性认知程度。为了获得高水平的合作和支持，管理者不仅必须理解战略，还必须相信它（Wooldridge and Floyd，1989）。最初的战略管理文献关注作为决策过程关键参与者的高层管理者，倾向于将共识范围概念化，对于战略共识的定义几乎完全针对高层管理团队（Bourgeo，1985；Dess，1987；West and Schwenk，1996）。Kellermanns 等（2005）提倡在研究中纳入各级管理人员，因为中层和职能层管理人员在战略制定中也发挥着实质性作用（Wooldridge et al.，2008），Pagell 和 Krause（2002）研究了职能层管理人员的战略共识，Lindman 等（2001）、Stepanovich 和 Mueller（2002）、张平（2019）研究了不同层级的管理者之间的战略共识，Jabarzadeh 等（2019）主要讨论了管理者之间的战略共识。但是，上述研究还是主要针对各级管理人员，尚未论及员工，忽视了员工在企业战略过程中的重要作用（Boswell，2006；Gagnon et al.，2008）。关于战略共识的研究的一个转变是将关注的焦点转移到组织的不同层级（González - Benito et al.，2012）。Mahto 和 Davis（2012）认为战略共识在范围上不仅应包括首席执行官、高层管理团队成员，还应包括中层管理者，甚至基层员工或边界角色人员。任何与企业战略变革利益相关的群体之间都可以达成共识（Markoczy，2001）。我国许多学者也认为战略共识的范围应包括广大的组织员工，如黄再胜（2011）、杨付等（2014）、杨建君和徐国军（2016）等。刘华芳和杨建君（2013）还研究了大股东和企业经理之间的战略共识。

此外，还有学者进一步扩大了战略共识的范围，Nielsen（1983）指出，为了与关键的外部利益相关者开展合作，企业需要与他们形成共识。如果企业不能与这些关键的外部利益相关者建立共识，外部战略执行可能会受到阻碍或破坏，影响内部战略执行（Kaufman，1990）。薛云奎等（2005）、黄亮和张建琦（2009）认为战略共识的范围包括高层管理者、员工和外部三个方面，主要是指他们对企业愿景和战略的了解和认同。战略共识不仅存在于企业内部，也存在于组织之间，企业要与战略合作伙伴达成战略共识（黄再胜，2010）。魏虹和陈传明（2013）认为战略共识的主体范围应突破组织边界的限制，包括股东、债权人、员工、供应商、零售商等重要的利益相关者。运营商和制造商之间的战略共识是促进战略实现的重要手段（Mirzaei et al.，2016）。刘博文和任颋（2020）讨论了跨境并购中并购双方的战略共识。本书的战略共识主要是指企业内外部利益相关者关于协同开展创新的一致性认知，在战略共识的范围上，主要包括组织内部的员工战略共识以及组织外部的供应链合作伙伴之间的战略共识。

2.1.2　战略共识与企业绩效的关系

2.1.2.1　战略共识的测量

对战略共识的测量，目前比较常用的有两种测量方案：方案一是邀请被调研者对企业战略进行评价，通过计算标准差确定他们对企业战略评价的一致性程度；方案二是采用测量量表向被调研者提问，通过得分评价他们的战略共识。方案一的具体做法是制定一份标准化的公司目标清单（如盈利能力、销售增长和市场份额等）和竞争方法清单（如声誉、新产品开发等），请企业的不同人员进行项目重要性评价，然后计算标准差衡量评价的一致程度。Bourgeois（1985）、Dess（1987）、West 和 Schwenk（1996）、González - Benito 等（2012）主要使用这一测量方法。但战略共识定义的不一致性也反映在测量方案中，部分研究仅仅侧重于对竞争方法或制造优先权等某些方面进行重要性评价测量（Homburg et al.，1999；Pagell and Krause，2002；Joshi et al.，2003）。方案二的具体做法是使用测量量表，通过具体的题项对被调研者进行提问，根据他们问题回答的得分情况判断被提问者的战略共识处于什么水平。Dooley 等（2000）使用组织承诺量表测量组织成员的战略承诺，Gagnon 等（2008）使用战略视野量表测量组织成员的战略理解。国内学者在战略共识的相关研究中，主要采用测量量表这种方法，包括薛云奎等（2005）、黄亮和张建琦（2009）、黄再胜（2011）、杨付等（2014）、杨建君和徐国军（2016）等。基于以上分析，本书使用测量量表方法进行战略共识的测量。

2.1.2.2 战略共识与企业绩效的关系

关于战略共识与企业绩效之间的关系，研究的结果存在分歧。有的研究从目标共识和竞争方法共识等不同方面讨论战略共识与企业绩效的关系。Dess（1987）的研究表明，目标共识和竞争方法共识都对企业绩效具有显著的正向影响；González - Benito 等（2012）也验证了竞争方法共识、目标共识与企业绩效之间的正相关关系，并且认为目标共识是竞争方法共识与企业绩效的中介变量。Bourgeois（1980）发现，竞争方法共识比目标共识更能预测绩效，Bourgeois（1985）发现如果企业没有就竞争方法达成共识，目标共识与企业绩效将呈负相关关系。Wooldridge 和 Floyd（1989）则认为，如果企业在形成目标共识之前就达成竞争方法共识，会对企业绩效产生负面影响。Homburg 等（1999）将企业战略区分为差异化战略和低成本战略，并分别考察这两类战略共识与企业绩效的关系，发现企业绩效与差异化战略共识相关，但是与低成本战略共识不相关。

大部分研究没有区分目标共识和竞争方法共识，而是从整体上讨论战略共识与企业绩效的关系，但是研究结论也不一致。许多研究认为战略共识对企业绩效有积极促进作用，如 Iaquinto 和 Fredrickson（1997）、Knight 等（1999）、Rapert 等（2002）、Pagell 和 Krause（2002）、Joshi 等（2003）、黄亮和张建琦（2009）、任润等（2011）。Lyu 等（2020）通过研究发现，战略共识影响知识共享的效率和有效性，进而提高知识共享的效果。Kellermanns 等（2011）的分析显示，相对于高层管理团队，在中层或基层团队，战略共识对组织绩效的影响更加显著。张平（2019）认为企业高层管理者与中层管理者的战略共识决定了战略的成功与否。管理者之间的沟通提高他们的战略共识，这对企业绩效产生积极影响（Jabarzadeh et al.，2019）。任润等（2011）指出，当员工能够理解并认同组织的战略目标时，才能更好地为实现组织目标努力。黄亮和张建琦（2009）从高管、员工、外部三个层面讨论战略共识的作用，他们认为战略共识程度的提高有利于组织绩效的改善，并通过实证检验发现企业家建立战略共识能力对战略执行绩效有显著的正向影响。刘华芳和杨建君（2013）讨论了战略共识与突破式创新的关系，他们通过实证检验发现，大股东与经理人之间的战略共识正向影响企业突破式创新绩效。也有学者持不同观点，例如，Wooldridge 和 Floyd（1990）、Menon 和 Bharawaj（1996）、West 和 Schwenk（1996）、薛云奎等（2005）、Ramos - Garza（2009）认为战略共识与企业绩效不存在相关关系；Noble（1999）认为战略共识与组织绩效负相关，组织内不同部门对外部情况的差异性理解更有利于战略的有效执行。

有学者尝试在战略共识与企业绩效的关系研究中引入中介变量或调节变量，通过多变量的实证分析深入讨论战略共识影响企业绩效的作用机制（Dess and Priem，1995）。Priem（1990）考察了企业外部环境动态性对战略共识与企业绩效关系的影响，发现外部环境越稳定，战略共识与企业绩效的正相关关系越明显。Homburg 等（1999）具体讨论了环境动态性对差异化战略共识与企业绩效关系的调节作用。Pagell 和 Krause（2002）分析了不确定性的调节作用，但是检验结果显示不确定性对战略共识与企业绩效的调节效应不显著。González – Benito 等（2012）考察了环境动态性的调节作用，发现环境动态性负向调节共识与企业绩效的关系。Joshi 等（2003）分析并验证了组织经验对战略共识与企业绩效关系的正向调节作用。Dooley 等（2000）在分析战略共识与战略执行效果的关系时，验证了战略承诺的中介作用。杨建君和徐国军（2016）研究发现，战略共识通过知识共享的中介作用，对组织学习产生积极影响。

达成战略共识是战略执行的基础，战略共识程度决定了企业战略执行的实现程度（Floyd and Wooldrige，1992）。企业家逐渐意识到战略共识的重要性，开始注重建立战略共识并取得了成效（黄亮和张建琦，2009）。总体来讲，更高程度的战略共识与战略实施过程中的协调和合作有关，因此也与组织绩效有关（Kellermanns et al.，2011）。战略共识促进企业内部部门之间、员工之间的合作，进而提升战略执行力，改善企业绩效（Rapert et al.，2002）。局限于高层管理者研究战略共识对结果的影响，可能是导致结论不一致的原因之一（Mahto and Davis，2012）。战略的执行和制定一样重要，在员工对企业战略缺乏共识的情况下，组织目标的实现处于危险之中（Jemison，1984；Floyd and Wooldridge，1992），高层管理者需要就企业战略与员工进行沟通。此外，随着互联网经济的不断发展和经济不确定性的不断加剧，与合作企业尤其是供应链合作伙伴达成共识、加强产品研发、渠道协同等对于提高企业绩效显得日益重要。与战略合作伙伴建立战略达成战略共识，是企业提升竞合绩效的前提（黄再胜，2010）。刘博文和任颋（2020）在研究跨境并购时指出并购双方的战略共识有利于企业获取优质人才。本书在研究战略共识时，主要关注员工战略共识以及企业与供应链合作伙伴的战略共识。

2.2　知识共享的研究综述

2.2.1　知识共享的内涵和分类

2.2.1.1　知识的内涵

知识是知识共享的客体，因此对知识的研究是知识共享研究的重要组成部分之一。知识是一个抽象复杂的概念，自古至今，这个问题尚未形成统一的定义，不同的学者有不同的见解。

有的学者从知识与数据、信息的概念对比进行定义。Nonaka（1994）认为知识是一种被确认的信念，是在对数据和信息进行重构和创造的过程中获得的，比数据或信息本身更有意义。Leonard 和 Sensiper（1998）认为，知识是可行动化的相关信息，包含在信息之中，与人们有意识的主观行为相关，在一定程度上是基于人们的经验而得的。朱祖平（2000）认为知识是言行的基础，是通过对信息的推理和验证得出的系统化的规律、概念或经验。

有的学者从资源和能力的角度对知识进行定义。Winter（1978）认为知识是企业的一项重要的战略性资源，与企业的能力密切相关。Barney（1991）认为知识是一种组织资源，能够提升组织效率，是企业获得持续价值优势的重要源泉。Watson（1990）认为知识是一种能够对个体的未来行动产生潜在影响的能力，具体包括解释信息的能力和转换信息的能力。Alavi 和 Leidner（2001）也认为知识是一种能力，指导或引导主体从事能够产生可预见的改变的行为。

有的学者从知识状态的角度来定义。Davenport 和 Prusak（1998）以数据、信息、知识的概念描述为基础，从知识的构成、储存以及作用等方面进行定义，认为知识是经验、价值观、相关信息和洞察力的动态组合，存在于文档、流程、实践以及组织惯例之中，为评估、整合、吸收新经验和信息提供参考，并形成新的框架指导行动。王众托（2004）认为知识是具有客观性的意识现象，以信息为载体，是人类在实践中获得的认识的总结，在静态上表现为有一定结构的产品，在动态上表现为产生、传递与使用的不断流动的过程。Davenport 和 Prusak 对知识进行了比较全面的界定，强调经验和知识的多层次性，它们存在于个体和组织层面，本书对知识的理解采用 Davenport 和 Prusak 对知识的定义。

2.2.1.2 知识共享的内涵

由于研究的视角和关注的重点不同，学者们对知识共享的内涵有着不同的见解。目前，尚未出现一个标准的定义，但是有一些具有代表性的知识共享的定义，主要包括进行知识交互、转化、学习、实现知识创造和提高知识效率等。本书按照以下几类对学者们较有代表性的观点进行整理。

知识共享的交互观。Wijnhoven（1998）认为知识共享是知识拥有方和知识需求方相互交流、转移知识的过程。Bartol 和 Srivastava（2002）认为知识共享是个体之间就特定工作任务相互交换信息、观点和专长的过程。King（2006）认为知识共享是个体之间、团队内部、团队之间、组织内部部门之间、组织之间进行知识交换的过程。Ritala 等（2015）认为组织间知识共享是企业为了实现共生互赢，与长期合作伙伴进行的知识交流活动。王娟茹和罗岭（2015）指出复杂产品研发情境下的知识共享是集成开发商、供应商和最终用户之间进行的知识转移和知识吸收行为。

知识共享的转化观。Nonaka 和 Takeuchi（1995）指出知识共享是显性知识和隐性知识在个体之间、个体与组织之间，通过社会化、外化、综合化、内化等互动过程不断转化，进而实现共享的过程。

Ipe（2003）认为知识共享是个体将知识转化为能够被他人理解、吸收和使用的知识的过程，知识发送方和接收方通过知识共享实现对知识的共同拥有。魏江茹（2019）也认为知识共享是基于团队或组织概念的知识转化过程。

知识共享的学习观。Senge（1997）认为知识共享是知识主体之间相互交流彼此需要的知识，进而帮助他人或自己获得相应能力的持续学习的过程。Soule（2003）认为知识共享是指团队成员相互交流知识、技能、经验，使每个团队成员都能够完成特定任务的过程。Henttonen 等（2016）认为知识共享是组织内特定个体向其他人传递知识的一种行为。

知识共享的创造观。Eriksson 和 Dickson（2000）认为知识共享既是对现有知识的共享，也是新知识的创造过程，人们在共享知识的同时也会创造出新的知识。Cummings（2004）认为知识共享是个体向他人提供与产品或过程有关的信息和知识，通过输出与反馈合作构思新的想法。Hooff 和 Ridder（2004）认为知识共享是个体相互交换彼此的显性知识和隐性知识，共同创造新知识的过程。

知识共享的效率观。Hendriks（1999）认为知识共享是拥有知识的主体将知识发送给知识接受方，通过拥有知识者的知识外化和接受知识者的知识内化，提高知识效率。Mohan 和 Mark（2005）认为知识共享是员工通过各种渠道在组织内部进行讨论和知识交换，以提高知识利用价值和使用效果。夏火松等（2017）认为知识共享是企业为了实现知识协作，最大化发挥知识资源价值的活动。

上述文献对知识共享的认识比较一致，认为知识共享是一种存在于知识主体之间的交互活动，通常以获取或增加知识、创造新的知识为目标。立足于不同的知识主体（包括个体、团队、组织）进行概念的界定是导致知识共享内涵不一致的原因之一，有的研究立足于特定的主体进行定义，也有研究使用知识拥有方、发送方、接收方等提法涵盖多层次的知识共享。Wilkesmann 等（2009）将知识共享定义为可以在个人、组织内、组织间等层面实现的多层次现象。徐梦丹（2018）在整理具有代表性的知识共享定义的基础上，归纳了知识共享的行为主体、双向互动性等内容，将知识共享的概念界定为：知识提供方和知识接收方为了发展新的行动能力、共同创造新的知识，通过各种渠道和手段相互沟通、交流和学习的双向互动的行为过程。本书同时对组织内部员工之间和组织外部企业之间的知识共享展开研究，采用徐梦丹（2018）对知识共享概念的界定。

2.2.1.3 知识共享的分类

基于知识共享的丰富内涵，国内外学者尝试从不同的研究视角，对知识共享进行不同的分类。Segarra－Ciprés 等（2014）根据知识共享的范围，将知识共享分为内部知识共享和外部知识共享。张军等（2014）也分别讨论了内部知识共享和外部知识共享，内部知识共享是企业内部开展的各种交互性活动，以交换信息和知识、增进对信息意义的理解、传播成功经验等；外部知识共享是指企业与边界外各类组织开展交互活动，以获取信息和知识，增进对特定信息潜在价值的理解。

在此基础上，许多研究者往往在不同的知识共享范围内，按照被共享知识的属性、流动方向等对知识共享做进一步的分类。例如，Bock 和 Kim（2002）、孙世强和陶秋燕（2019）立足不同的知识共享主体，采用对知识共享客体（知识）的同一分类方法，根据知识的特性，都将知识共享划分为显性知识共享和隐性知识共享两种类型，但是他们对这两类知识共享的定义却不完全相同。总体来讲，隐性知识共享是对难以编码的知识进行交流与分享，显性知识共享则是对易于编码的知识的交流与分享，但是在不同的研究中进行知识共享的主体分别是员工或者企业。类似地，Hooff 和 Ridder（2004）研究组织内部个体知识共享行为，他们根据知识流动的方向将知识共享分为两类：知识收集和知识贡献；陈俊营（2017）研究外部供应链知识共享时，也按照知识流动的方向，将供应链知识共享分成两部分：供应链知识吸收和供应链知识传播。其中知识收集/吸收是指知识接收方将他人的知识转化成自己的知识，知识贡献/传播是指知识发送方将自己的知识分享给他人。

在现有的大多数文献中，往往倾向于单独讨论内部知识共享或外部知识共享与企业创新的关系。然而，在企业创新活动中，这两类知识共享经常是同时存在的，企业在创新过程中既需要内部知识共享，也需要外部知识共享。本书从组织内部视角、外部视角以及内外部协同视角开展研究，因此选择以组织边界为依据，将知识共享划分为内部知识共享和外部知识共享两条主线。接下来对知识共享影响因素的梳理，也将按照内部知识共享和外部知识共享这两条线索分别展开。

2.2.2 知识共享的影响因素

2.2.2.1 内部知识共享的影响因素

内部知识共享的影响因素包括个人因素、群体因素、组织因素、技术因素等方面，这些因素分别或者共同影响着内部知识共享。

（1）个人因素。

关于个体层面对知识共享的研究，目前形成了比较丰富的成果。研究者从员工的情感、动机、认知等方面进行研究。Lauring 和 Selmer（2012）强调深层情感状态对知识共享的重要性。Swart 等（2014）在肯定情感作用的基础上，通过进一步研究发现，员工承诺与知识共享行为有关。王艳子和罗瑾琏（2011）讨论了个体目标取向和自我效能感对知识共享的影响。屠兴勇等（2017）讨论了内生动机对员工知识共享的积极作用。魏江茹（2019）在分析中庸思维与员工创新行为的关系时指出，适度的中庸思维能够促进组织成员进行知识收集、知识共享和知识学习，有利于知识在团队内外的流动。

（2）群体因素。

人际互动对知识共享有重要影响（Wang and Noe，2010）。Lin 等（2012）借助关系模型理论分析了不同关系对员工知识共享的影响，发现社群共享关系和互惠平等关系对知识共享有正向影响。Chen 等（2013）以开源软件研发团队为对象，基于交互记忆系统视角展开知识共享研究，发现交互记忆系统与知识共享正相关。Razmerita 等（2016）从社会交往的角度研究知识共享的影响因素，分别讨论了组织公平、领导风格等组织因素以及自我效能感、助人愉悦感、专业权威性等个人因素对知识共享的影响。袁庆宏等（2018）发现国内嵌入程度显著影响留学归国人员的知识共享意愿和知识共享行为。徐劲松和陈松（2018）分析了群体心理资本对个体知识共享的跨层次影响，发现群体心理资本正向预测个体知识共享。

（3）组织情境。

金辉等（2013）分析了组织激励、组织文化对知识共享的影响。Lu 等（2006）从个体和组织层面对知识共享的影响因素进行分析。Pee 和 Min（2017）讨论了个体与环境的匹配性对知识共享的影响，发现个体—环境的匹配度与知识共享呈倒“U”形关系，并讨论了情感承诺的中介作用。Peralta 和 Saldanha（2014）指出信任是影响组织内知识共享的关键因素，这种信任包括个体对同事、团队和组织的信任。此外，许多研究发现多种领导风格都对员工知识共享有显著影响，例如，闫佳祺和罗瑾琏（2018）讨论了科研团队“一松一紧”双元领导对知识共享的影响；钟熙等（2019）发现包容性领导风格通过内部人身份认知的中介作用影响员工知识共享。

（4）技术支持。

Hlupic 等（2002）讨论了技术和工具对知识共享的影响，并且对员工承诺的中介作用进行了分析。Song（2002）认为信息和通信技术可以有效地促进知识的编码、集成和传播。具体可以利用在线数据库、内联网、虚拟社区等技术进行知识交流和分享（Koh and Kim，

2004)。Hooff 和 Weenen (2004) 分析并验证了计算机辅助沟通对知识共享的正向作用。Gao 和 Bernard (2018) 认为知识共享的交互和传播依赖于信息技术水平。

2.2.2.2 外部知识共享的影响因素

相较于内部知识共享，外部知识共享过程更加复杂，由于本书主要研究供应链企业间知识共享，因此主要对现有研究中关于企业间知识共享，特别是供应链企业间知识共享相关研究进行梳理。

针对外部知识共享的影响因素研究，学术界讨论得比较多的是共享主体之间的关系，主要包括：(1) 沟通。Dyer 和 Singh (1998) 提出高密度的网络联系使企业的行为可见，能够减少机会主义、增加合作，促进企业进行资源共享；Wagner (2005) 指出，企业之间的沟通频率对知识共享水平有明显影响。(2) 信任。Inkpen (1998) 指出合作伙伴之间的信任关系有助于减少知识保护，促进企业知识共享；Lins 等 (2017) 认为，企业间信任可以降低沟通成本、缓减双方冲突，更有利于知识整合和创新。(3) 权力。Ke 等 (2006) 的研究发现，企业之间的相互依赖程度和信任程度、对方企业权力等对知识共享影响显著；谭玲玲等 (2018) 考虑了供应链成员的企业公平偏好行为，就零售商的公平偏好对知识共享的影响进行讨论。(4) 关系强度。McEvily 和 Marcus (2005) 指出强互惠关系双方彼此信任，他们更专注于解决项目问题的共同努力；计国君和于文鹏 (2010) 探讨了供应链上下游企业间由于长期频繁互动，形成的强联系特性对知识共享有强劲的促进作用，同时指出竞争企业间由于利益对抗的弱联系，因而共享动力不足，只有在满足一定条件时才会进行知识共享；孙世强和陶秋燕 (2019) 讨论了关系强度对企业知识共享和创新绩效的影响，认为强关系是小微企业共享资源和建立合作的重要基础。

还有研究在讨论企业间知识共享影响因素时，会综合分析多个因素的作用。Shun 等 (2013) 分析了信任和权力对供应链企业知识共享的双重效应，并验证了信任和权力对知识共享的正向促进作用。Lughkan 等（2010）将供应链知识共享的影响因素归纳为知识特性、组织结构、语境等。张旭梅等（2009）通过建立理论关系模型和实证分析发现，组织学习能力、技术知识壁垒属性、知识共享平台、知识共享激励机制和企业间相容性水平影响供应链企业间知识共享。唐淑兰（2012）讨论了供应链上的知识复杂特性、企业共享能力、信赖程度、激励机制、风险控制及共享平台等因素对供应链企业间知识共享的影响。张悟移和王得首（2018）在对学者们关于供应链企业知识共享影响因素的研究进行归纳的基础上，认为企业知识共享能力差异、激励有效性、企业间信任和知识共享平台是供应链知识共享的主要影响因素。李丹和杨建君（2018）提出企业间信任和关系状态分别是关系质量的内容维度和状态维度的主要内容，他们通过研究发现，关系公平性和持久性通过经济型信任促进合作，关系强度通过情感型信任促进合作。

此外，学者们对知识共享与企业绩效的关系展开研究，形成了丰富的成果。知识共享有助于打破组织内部的知识壁垒，促进知识在企业内的自由流动，进而提高团队以及企业的创新绩效（Owens and Hekman，2016）。知识共享激发成员对知识进行深加工（Yoon and Kayesqk，2016），促进成员之间的深度合作，由此提升企业创新绩效（闫佳祺和罗瑾琏，2018）。供应链企业间知识共享提升企业对客户需求的响应速度（Blome et al.，2014），有助于企业进行有效的决策（Shih et al.，2012），为改善企业绩效发挥重要作用（Craighead et al.，2009）。

2.3 组织协同的研究综述

2.3.1 组织协同的内涵

最早将协同概念引入管理学的是战略学家 Ansoff，在《企业战略》这本书中，Ansoff（1965）强调企业对自身能力概况和协同作用的把握。此后，许多学者针对协同展开了研究。有的学者更多地讨论企业内部的协同，例如，Itami 和 Roehl（1987）将协同分为互补和协同两个部分，并指出当企业发挥其独特的无形资产的作用时，才可能产生协同。有的学者更多地讨论企业外部的协同，例如，Flynn 等（2010）的研究指出，企业外部的供应商协同是指制造商和其供应商之间战略、系统和程序等的合作和协同程度；Hudnurkar 等（2014）讨论企业与供应链合作伙伴协同开展规划、执行和决策，以实现可持续的竞争优势；钟曼丽和杨宝强（2018）在研究社会智库时指出协同是不同主体之间的优势互补，他们主要关注外部协同以及内部运行机制。还有学者同时讨论企业内部和企业外部的协同，例如，Wong 等（2011）指出内部协同是跨职能部门的协作，促进跨产品设计、采购、生产和销售等交叉职能的信息共享，外部协同包括供应商和客户整合，涉及信息共享、协作规划、联合产品开发等。

作为一门独立的学科，协同学由物理学家 Haken 在 20 世纪六七十年代创立。Haken 在激光理论研究过程中，融合突变理论、信息理论和控制理论等，结合统计学和动力学的方法，系统地讨论协同学，创立“协同学”学科。俞立平和钟昌标（2016）指出协同学理论主要研究不同的系统在与外界进行物质或能量交换过程中，如何充分发挥协同作用，进而形成在时间、空间和功能上的有序结构。在一定条件下，各个系统以及系统整体的有序或无序状态可以相互转换，表现为时空或功能方面的协同或不协同。李斌（2017）将协同学理论的基本内容归纳为协同效应、伺服原理和自组织原理。序参量形成于系统内部，又反过来支配各子系统，影响系统最终的演变状态。各子系统之间的有机关联、外部环境提供的适当的控制参量和反馈机制是促进系统从无序向有序演化的重要条件。协同学应用广泛，在自然科学领域得到了广泛的应用，同时为包括创新在内的社会科学领域的研究提供了一个新的视角（程艳，2016）。

在现有研究中，有一些与协同相近的概念，学者们从不同的方面进行了概念的辨析。Serrano 和 Fischer（2007）从整合和互动两个方面分析协同创新，关注各要素和各创新主体之间的整合互动。陈劲和阳银娟（2012）讨论了沟通、协调、合作和协同四个概念，他们指出沟通涉及知识的整合，协调不仅包括知识整合，还包括资源优化配置，合作则包括知识、资源、行为三个方面整合，协同的范围更广，包括知识、资源、行为和绩效四个方面的整合。王涛（2014）指出协同与合作、整合是密切联系又相互区别的概念，合作强调各要素或各主体之间的相互配合，关注共同工作中的配合情况；整合强调各要素或各子系统之间的一致性，更关注过程；协同强调各要素或各主体间复杂的相互作用，以及由此产生的整体效果，更关注整体性和结果。

纵观现有研究，本书发现协同的概念有时候与协调、合作、整合等交替使用，一方面是由于这些概念相互区别但联系密切，另一方面是由于国内学者在翻译过程中使用的词汇不同。本书主要讨论员工、企业在创新过程中以知识增值为核心，为了实现科技创新而开展的具有整合性的创新活动，以及由此带来的技术创新绩效提升。因此，本书使用协同这一提法，在概念上与陈劲和阳银娟（2012）、王涛（2014）的基本一致。在研究过程中融入了协同学的部分思想，分析协同视角下战略共识对技术创新绩效的影响，主要关注企业内部协同、外部与供应链合作伙伴的协同，以及内外部协同。

组织内部和组织之间的协同是提高系统效率的关键，协同是组织面向未来的演进方向（陈春花和朱丽，2019）。应可福和薛恒新（2004）指出企业集团管理中的协同包括组织、财务、资产、信息、管理、业务和技术共七个方面的协同，企业集团内部的组织协同是组织规模、组织结构、领导能力以及工人技能等方面的协同。陈劲等（2006）从应可福和薛恒新（2004）讨论的七个方面的协同中，选择与企业创新密切相关的技术、生产和市场三种协同效应进行讨论。Barki 和

Pinsonneault（2005）认为组织协同是不同的组织成分构成相互依赖的统一整体，具体的组织成分既包括员工、各职能部门，也包括供应商和客户等合作伙伴。何郁冰（2012）指出产学研协同创新需要合作主体根据项目的不同目标、范围等探索不同的组织模式，在组织协同的运作方面要重视组织结构协同和过程协同。

2.3.2 组织协同与企业绩效的关系

随着互联网技术的不断发展，经济环境充满不确定，创新知识越来越丰富，创新要求越来越高，企业往往无法独自承担创新的所有任务。许多企业通过寻求合作实现创新，开放式创新强调创新主体对资源的共同利用，以发挥协同作用。从一定程度上讲，协同创新是更为复杂、主体更多元的开放式创新（陈劲，2012）。何郁冰（2012）在理论和现实考察的基础上，提出了“战略——知识——组织”三重互动的产学研协同创新模式，以此来阐述合作各方如何资源共享、优势互补，形成创新合力提高创新绩效。Neutzling 等（2018）指出可持续性在供应链管理中越来越受到重视，他们认为与供应商和客户的合作关系可以看作是企业学习开发新技术、新流程，以及获取信息的主要来源。何振乾（2018）指出协同创新是各创新主体通过协同创造价值。王少凡和王向阳（2020）指出企业间协同程度高时更容易展开战略合作，共同从事开发新产品、开拓市场等活动。

关于组织协同与企业绩效的关系，大部分研究分析并论证了组织协同的正向作用。通过组织协同，企业进行业务流程优化，进而降低成本、实现客户价值，以创造竞争优势（Kamal and Irani，2014）。谢雅萍等（2019）从流程、权力和交易三个机制入手，讨论了组织内部协同对员工创造力的影响，他们指出不同的事务通过不同的机制实现协同。Ramanathan 和 Gunasekaran（2014）讨论并验证了与供应链合作伙伴协同规划、协同决策以及供应链过程中的协同执行对供应链成功的作用，并建议企业将合作成功的对象发展为长期合作伙伴。企业与供应链合作伙伴的协作有助于提高其运营能力（Jayaram et al.，2011），对企业绩效起正向作用（Shashi et al.，2019）。供应链整合能够优化活动过程、提高供应链整体效率，使企业获得竞争优势和良好的绩效（Jorge and Jerónimo，2017）。赵玲（2019）在研究危机管理时主要关注跨越组织边界的外部协调，并指出组织协同是成功进行危机管理的重要原因。

本书探讨基于协同创新的战略共识影响企业技术创新绩效的作用机理，关注战略、知识和组织因素在创新中的作用。借鉴何郁冰（2012）的研究，本书认为组织协同是协同创新的重要内容之一，是创新主体协同发挥作用的保证。同时，鉴于本书重点关注内部组织成员和外部供应链合作伙伴两类创新主体，因此在阐述组织协同在技术创新中的作用时，以组织边界为依据，基于组织成员和供应链合作伙伴讨论内部组织协同和外部组织协同，采用 Barki 和 Pinsonneault（2005）、Wong 等（2011）对组织协同的概念界定。

2.4 创新绩效的研究综述

创新是一个充满不确定性的复杂过程，关于创新的研究始于 20 世纪。美籍奥地利经济学家 Schumpeter 教授于 1912 年出版著作《经济发展理论》，首次提出“创新”的概念，并创立了经典创新理论。他认为，企业的创新活动是社会经济发展的根本动力，创新的出发点和目的是提升企业的经济效益和社会效益。关于创新系统的讨论，现有研究主要从国家、区域、企业、个体等四个层面展开。对国家创新系统的研究着重讨论一国监管机构及其政策制度在创新中的作用；区域创新系统的研究主要聚焦于一国内部各个地区的创新活动，企业创新系统关注企业的创新活动；个体创新关注个体在组织情境或其他情境中的创新活动及个体创造力。本书主要关注企业层面的创新及创新绩效，并对企业创新绩效的相关研究进行详细梳理。

2.4.1　创新绩效的概念和测量

创新是能够在经济和社会生活中产生价值的行为活动，具体包括对产品、服务和市场的更新扩展以及对新方法的发展和新管理系统的实现等（Crossan and Apaydin，2010）。创新绩效是企业创新活动及相关投入带来的创新产出，对于创新绩效的概念，学者们从不同的角度展开研究，尚未形成统一的结论。总体而言，创新绩效的概念有狭义和广义之分。狭义的创新绩效更关注创新的结果，强调企业的创新水平及创新产出。例如，John 和 Myriam（2003）认为创新绩效是对企业创新能力和创新效果的衡量；杜跃平和王嘉彤（2015）认为创新绩效是指企业通过产品创新、服务创新或工艺创新等实现的组织绩效的提高；董津津和陈关聚（2019）认为创新绩效是对组织创新过程产生的结果的描述。广义的创新绩效包括产生新想法、形成新发明以及将创新引入市场的全过程，包括创新的技术产出和市场结果等方面，既关注创新的结果，也关注创新的过程。例如，Ahuja 和 Katila（2001）认为创新绩效既包括产品、技术等创新产出，也包括可能影响创新产出的过程性因素；Alegre 和 Chiva（2013）认为，创新绩效是过程创新和产品创新的综合体现，是企业通过创新资源投入取得的创新产出和创新效率提升；陈劲和陈钰芬（2006）认为创新绩效包括创新产出绩效和创新过程绩效两部分，并设计了一个包括经济效益、直接技术效益、技术积累效益以及创新过程性指标的评价体系。鉴于创新绩效是企业通过创新努力取得的成果，本书采用狭义的创新绩效概念，主要关注结果变量。

对于创新绩效的测量，不同的学者基于不同的研究背景使用了不同的方法，主要体现在测量指标和数据收集方法等方面。

第一，测量指标。学者们选择的测量指标包括结果类指标和过程类指标。许多学者选择结果类指标衡量企业创新绩效，例如，Hagedoorn 和 Cloodt（2003）使用研发投入、专利数量、专利应用和新产品发布四个指标衡量创新绩效；Zhang 和 Li（2010）使用推出新产品的频率、投放新产品的速度、开发新产品的质量等五个指标；Khalili 等（2013）使用新产品的开发数量、引进速度以及开发成功率等指标；Chen 等（2015）使用资产收益率、销售增长率、利润率等财务指标衡量创新活动的表现；李正卫等（2013）使用新产品销售收入、新产品开发成功率、专利申请数量等指标；党兴华和常红锦（2013）使用专利申请数量、新产品开发数量、新产品开发成功率等指标；张方华和陶静媛（2016）使用申请的专利数量、新产品的开发速度、新产品的成功率等指标；刘超等（2017）使用新产品销售额、净利润等指标。有的学者根据创新过程设计创新绩效评价指标，例如，Wang 和 Ahmed（2004）使用研发人员与客户的交流频率、研发人员与生产部门的交流频率、业务流程优化等指标；Wang 等（2014）构建了包括设计构思、产品开发等核心过程以及资源分配、系统工具等辅助过程的创新绩效评价模型。还有学者综合使用两类指标考察创新绩效，例如，Kerssens－van 和 Bilderbeek（2002）从财务、客户、内部运营、创新学习等四个维度构建创新绩效测量的指标体系；谢凤华等（2008）使用专利授权数、新产品数、新产品市场占有率、研发人员与客户交流频率等同时对创新产出绩效和过程绩效进行衡量；周江华等（2019）从满足顾客需求和获得高市场评价等方面测量企业创新绩效。本书对创新绩效的评价更加关注企业技术创新的结果，因此借鉴 Zhang 和 Li（2010）、党兴华和常红锦（2013）、张方华和陶静媛（2016）等的量表，从专利和新产品等方面选择结果类指标。

第二，数据收集。目前国内外学者对创新绩效的数据收集主要使用上市公司数据、机构披露数据以及企业调研数据等。具体地，有的研究者通过上市公司年报、专利数据库、专业数据机构等途径收集数据，例如，Park等（2014）使用专利数据衡量创新绩效；徐维祥等（2018）使用公开可获得的专利申请数作为创新绩效的代理变量；李瑛玫和史琦（2019）使用企业公开披露的研发投入作为衡量指标。也有学者使用现有调研数据库的数据，例如，梅冰菁和罗剑朝（2019）使用企业专项数据库的调研数据，选择新产品产值测量创新绩效；李东红等（2020）使用国家统计局专项调研数据以及中国工业企业数据库和专利数据库数据，选择企业新产品销售额占比衡量创新绩效。还有许多学者通过发放调查问卷向被调查者询问获得数据，例如，Zhang和Li（2010）使用经常推出新产品、在市场上率先推出新产品等五个项目向受访者提问；Salge等（2013）采用6个题项对新产品的创造性及成功性进行测量；解学梅和刘丝雨（2015）使用Likert五分量表，采用近3年企业专利数量增长率、新产品开发项目数增长率等4个指标测量创新绩效；张方华和陶静媛（2016）使用包括新产品开发速度、成功率、新产品产值占比等方面的创新绩效测量量表；岳鹄等（2018）通过调查企业新产品开发速度、新产品数量、专利申请或注册数量等的变化情况，对创新绩效进行测量。

创新绩效是企业创新成效的体现，是评价企业创新的“可视化”概念（杨敏，2017），结合创新绩效的概念，本书选择结果类指标对创新绩效进行测量。出于商业秘密保护等原因，研究者很难从企业获得准确的财务数据（Zhao et al.，2009），在这种情况下，问卷调查法提供了尽可能广泛的企业创新信息，通过将设计好的问卷发放给特定的调查对象，研究者可以搜集到与研究内容密切相关的信息（董振林，2017）。基于董振林（2017）的研究策略，本书拟选择问卷调查法进行数据搜集。由于Zhang和Li（2010）、党兴华和常红锦（2013）、Park等（2014）、解学梅和刘丝雨（2015）、张方华和陶静媛（2016）、岳鹄等（2018）、徐维祥等（2018）以及李东红等（2020）等学者均主要从专利申请数、新产品开发数量、新产品销售占比等方面衡量企业的创新绩效，本书借鉴上述学者的研究，主要从专利和新产品两个方面测量企业的技术创新绩效。对于技术创新绩效中所指的技术，借鉴傅家骥等（1998）的思想，泛指工艺流程、技术诀窍、物质装备和知识经验等，既包括带来根本性变化的大技术，也包括日常生产活动中渐进微小的变化。

2.4.2 创新绩效的影响因素

关于创新绩效的影响因素，国内外学者进行了大量的研究，形成了丰富的成果。学者们从企业外部的环境因素、结构因素以及内部的组织因素、个体因素等不同的角度和层面对创新绩效进行解释。

2.4.2.1 外部因素

环境因素是指企业所处的外部环境，体现为国家文化、政策制度、经济发展水平、市场竞争程度等因素。动态变化的文化、经济、制度环境影响着企业创新活动，对企业创新活动起到促进或抑制作用。Rosenbusch 等（2011）讨论了文化背景对创新绩效的影响；纪晓丽（2011）讨论了市场化进程、法制环境对企业技术创新的影响；高辉（2017）讨论了中国情境下的制度环境对企业创新绩效的影响；杨战胜和俞峰（2014）讨论了政治关联对企业创新的影响。由于创新活动具有外部性特征，监管机构引导的作用受到学者们的关注（赵剑波等，2012）。张杰等（2015）认为创新补贴政策对企业研发投入产生了挤出效应；杨筠和宁向东（2018）等发现监管机构补贴促进企业创新绩效。总体来讲，监管机构补贴、税收优惠等政策是监管机构鼓励企业创新、提高企业创新绩效的主要手段（陈红等，2019）。

结构因素是指企业与外部组织或个人的联系与互动，体现为合作联盟、创新网络、关系资本、外部知识获取等因素。Lhuillery 和 Pfister（2008）发现合作伙伴的经验和能力可以降低创新风险，提高合作效率；党兴华和常红锦（2013）从网络中心性和“结构洞”两个方面分析了网络位置、地理临近性对企业创新绩效的影响；马艳艳等（2014）讨论企业跨组织研发合作广度和深度对创新绩效的影响；赵良杰和宋波（2015）讨论技术联盟网络对创新绩效的影响；韩莹和陈国宏（2016）指出企业间的网络权力差异影响集群企业资源获得，进而有利于企业创新绩效提升；Wang 等（2018）认为网络嵌入正向影响集群企业技术创新绩效。张峰和刘侠（2014）认为外部知识搜寻宽度和深度都显著影响创新绩效；郑健等（2018）指出顾客从产品的实际使用中获得的知识是企业创新的必要外部资源；姚艳虹和张翠平（2019）以协同网络为背景，分析并验证了企业之间的知识域耦合对创新绩效的正向影响。

2.4.2.2 内部因素

组织因素是指企业本身的内部因素，体现为企业文化、企业战略、内部治理、资源和能力等。解学梅和吴永慧（2013）认为，企业间文化的差异最终导致企业在技术创新中的差异；孙丽华（2016）发现创新型企业文化和支持型企业文化正向影响创新绩效，官僚型企业文化对创新绩效具有负向影响。Hopp 和 Lukas（2014）讨论了企业规模对创新绩效的影响。吴晓波等（2015）认为，创业导向的企业通过创新的引入把握市场机会；吴晓云和杨冠华（2019）发现，技术驱动和用户驱动的创新战略均对技术创新绩效有促进作用。段海艳（2012）讨论连锁董事、组织冗余与企业创新绩效的关系；王旭（2017）讨论了债权治理、创新激励的二元性对企业创新绩效的影响；李瑛玫和史琦（2019）分析了企业内部控制质量、产权性质对企业创新绩效的作用。陈劲等（2007）讨论了企业技术学习对创新绩效的影响；Lindi 等（2011）指出创新的关键在于使用新兴技术，做好创新过程中的知识管理；张振刚等（2015）、刘超等（2017）讨论吸收能力对企业创新绩效的影响。丰富的创新资源帮助企业开展研发活动（张永安和胡佩，2019），但企业也要注重创新资源配置优化和创新治理水平提升（郭元源等，2019）。

个体因素是指企业各类成员的个体特征，包括企业家、高管、员工等的特质对创新绩效的影响。企业家能够将新发明和新技术引入市场，通过刺激新技术、新发明的加速传播，促进社会生产力的提高。关于企业家特质对创新绩效的影响，现有研究从企业家信心（于海云等，2013）、风险偏好（Garcia et al.，2015）、创业激情（马翠萍等，2017）、领导风格（于晓宇等，2018）、企业家能力（潘宏亮，2018）等方面进行了深入的讨论。黄亮和张建琦（2009）专门了讨论企业家战略执行能力的作用。还有研究发现，高管团队特征（林明等，2018；杨林等，2018）、高管的政治联系（刘美芬，2019；谢作渺等，2019）、过度自信（王沛等，2019）等都对企业创新绩效产生影响。员工是企业持续创新的重要力量，只有员工积极主动地参与创新，企业才能实现创新发展（Pieterse et al.，2010）。李永周等（2014）讨论了研发人员的工作嵌入性对创新绩效的影响；李云梅和徐惠（2018）分析并验证了非物质激励对企业创新绩效的正向作用。

2.4.2.3 外部因素和内部因素的共同影响

还有学者指出，创新是内外部因素共同作用的结果，他们在研究创新绩效的影响因素时，将相关的外部因素和内部因素纳入同一个框架。范志刚和吴晓波（2014）研究动态环境下企业战略柔性与创新绩效的关系；赵立雨（2014）讨论开放式创新对企业创新绩效的影响，引入内部研发和环境波动两个调节变量；刘学元等（2016）讨论企业创新网络中关系强度、吸收能力与创新绩效的关系；尚洪涛和黄晓硕（2018）讨论监管机构补贴、研发投入对创新绩效的影响，发现研发投入促进创新绩效提升；周江华等（2019）在讨论企业研发部门和市场部门间竞合关系对企业创新绩效的影响时，探讨了政治关联的权变机制（调节作用）。这些研究主要通过构建线性模型，讨论多个内外部因素在自变量和因变量之间的中介作用或调节作用。

2.5　研究评述

通过对相关文献的回顾与梳理发现，现有研究在相关领域形成了丰富的成果，但依然有一些问题有待进一步研究。

首先，自从战略共识概念被提出以来，学术界对战略共识的研究不断丰富，对战略共识的认识更加全面。最初关于战略共识的讨论主要聚焦于高层管理者，随着企业活动的日益复杂、组织边界的不断变化，学者们逐渐将共识范围扩大到全体员工，甚至是外部合作伙伴。回顾以往的文献，研究者逐渐认识到战略共识的重要性，战略共识直接或者间接地影响组织绩效。但是，基于开放式创新、共生共赢的经济环境，内外部战略共识在组织中的作用有待进一步研究。

其次，在不确定性经济环境中，创新对企业的生存和发展至关重要，成为企业重要的战略选择。从 Schumpeter 提出创新的概念开始，学者们从内部视角和外部视角进行了大量的研究。随着创新活动的日益复杂、经济环境的动态变化，关于创新的研究转向对不同主体之间的合作，相关研究尝试将内部影响因素和外部影响因素纳入同一个研究框架展开讨论。但是，由于研究方法的限制，在具体研究时主要通过中介变量或调节变量的方式进行，无法考察内外部因素之间的联动效应。

最后，技术进步、市场需求的快速变化推动创新的不断演进，环境中各种现象的数量和复杂程度超出了单个企业能够处理的范围，知识共享成为企业应对挑战的重要选择。但知识共享并不是必然发生的行为，现有研究对知识共享的影响因素进行了大量的研究，发现知识共享是一个高度人际交往的过程，不能被组织“控制”，企业间知识共享也受到关系质量等因素的影响。如何促进内部知识共享、外部知识共享以及内外部知识共享的良性互动，是研究知识在创新中的作用时需要回答的问题。

创新对企业生存和发展至关重要，但创新是一个充满不确定性的复杂过程，单纯地依靠内部或者外部某个单一力量已经无法满足企业创新的需要。尽管现有研究越来越关注内外部因素协同联动对提升企业技术创新绩效的重要性，包括内部研发与外部创新力量的共同作用、内部知识和外部知识的有机结合等，但是对这些因素之间的互动关系探讨仍存在不足。因此，本书将从内部协同、企业间外部协同和内外部协同视角，分析内外部战略共识、知识共享、组织协同与企业技术创新绩效的关系，在讨论这些因素对技术创新绩效影响的基础上，进一步分析多种因素的组态对技术创新绩效的作用。

协同视阈下战略共识对企业技术创新绩效的影响研究
Chapter 3

第3章 战略共识影响技术创新绩效的机理分析

在高度不确定的市场环境中，创新对企业的生存和发展日益重要。互联网经济下，创新范式逐渐从独立创新向开放式创新、协同创新演进，在创新过程中，个体与个体、个体与企业、企业与企业之间的互动愈加频繁，他们通过知识共享来互相模仿和学习，成为一个彼此依存、相互作用的创新“生态群落”。根据利益相关者理论，员工和供应链合作伙伴都是企业的利益相关者，为企业的生存和发展投入人力资本、知识资源等。知识共享是创新的重要特征和关键因素，知识共享主体具有明显的有限理性表现。现实决策环境极其复杂性，并且具有极大的不确定性，而人的时间、精力和知识总是有限的，因而人的理性选择是在完全理性和非理性之间的一种有限理性（陈权，2013）。企业层面的战略决策也是如此，需要在决策制定过程中的“思维习惯”和“主动思考”之间的反复转换（Louis and Sutton，1991），但这通常是困难的，企业的行为过程也是有限理性的。演化博弈理论正是研究有限理性个体在群体行为中的变化过程，适用于知识共享行为的演化研究。本章将基于演化博弈理论，进行战略共识、知识共享与技术创新绩效之间关系的机理分析。

演化博弈理论将博弈理论和动态演化过程结合起来进行分析，是一种有效研究群体中相互作用的个体之间策略演化的工具。借助于演化博弈理论，对企业内部员工群体、企业外部企业群体进行演化分析，可以更深层次地分析战略共识与知识共享对技术创新绩效的影响机制，进而可以设计出特定激励措施来引导员工行为与企业发展方向。演化博弈的基本思路是：在具有一定规模的博弈群体中，博弈各方进行反复博弈活动。由于有限理性，博弈方无法在一开始就找到最优策略，他们会在博弈过程中不断调整和改进自己的策略，模仿过去对自己和他人最有利的策略。通过不断的模仿和改进，所有的博弈方趋于某个稳定的策略，即达到均衡，此时的策略被称为“演化稳定策略”。博弈方的理性程度不同，其策略调整过程也不完全相同。

3.1 内部战略共识的影响分析

知识共享是知识经济时代企业获得竞争优势的关键所在（田立法，2015），对提高技术创新绩效有重要作用。与此同时，Swart 等（2014）的研究发现，知识共享是一个高度人际交往的过程，不能被组织“控制”。知识共享在很大程度上由员工自由决定（Edú – Valsania et al.，2016），往往与员工的认知、动机状态等有关（Bao et al.，2016）。当员工对协同开展创新的战略达成一致性认知，在企业内部形成战略共识，可以促进员工对实现战略目标所需行动的理解。因此，本章尝试通过演化博弈分析，剖析内部战略共识通过知识共享作用于技术创新绩效的内在机理。

3.1.1 企业内员工之间的演化博弈分析

3.1.1.1 问题描述与参数设定

在进行企业内员工之间的演化博弈分析前，本章做出以下假设：在某一企业内部，员工之间的地位是平等的，知识储备、薪酬待遇等处于同一水平，不受到部门划分或者其他因素的影响。知识共享促进知识在不同个体和不同部门之间的收集和扩散，通过对知识的交互融合促进新知识的产生（Lichtenthaler，2011），知识共享是推动创新、提高企业绩效的重要因素（Oyemomi et al.，2016）。掌握相关知识的员工对于是否共享知识有两种可以选择的策略，即共享与不共享，员工对私有知识的共享决策就是一个博弈。假设在企业内员工知识共享问题分析的初始阶段，员工群体中有 w 比例的员工采取｛共享｝策略，相应地，有 1 – w 比例的员工采取｛不共享｝策略。根据本章的研究内容，借鉴 Serdar 等（2014）、王瑞花（2016）的研究，企业内员工知识共享博弈模型的相关参数设定如表3-1所示。

表3-1 企业内员工知识共享博弈模型的参数设定

参数	含义
P_w	员工在不共享前提下的基础收益
K_w	员工拥有的知识存量
α_w	员工拥有的知识对技术创新绩效的贡献程度
β_w	内部战略共识程度，即员工对企业战略的一致性认知程度
μ_w	企业技术创新绩效提高带来的员工奖励系数，即当技术创新绩效提升1单位时对员工的奖励比率
γ_w	企业技术创新绩效提高带来的员工收益系数，即当技术创新绩效提升1单位时员工提升的收益
R_{w1}	员工知识共享后所获得的隐性收益，如创新能力的提升、知识储备的增加等
c_w	员工知识共享所需要花费的时间成本、物质成本以及知识泄露的风险

以上的各项收益均大于0，α_w、β_w、μ_w、γ_w 的取值在（0，1），根据问题描述与参数设定，表3-2给出了企业内员工知识共享的博弈收益矩阵。

表3-2 员工知识共享的博弈收益矩阵

员工1	员工2	
	共享	不共享
共享	$P_w+R_{w1}+2\alpha_w\beta_w\gamma_wK_w+\alpha_w\beta_w\mu_wK_w-(1-\beta_w)c_w$，$P_w+R_{w1}+2\alpha_w\beta_w\gamma_wK_w+\alpha_w\beta_w\mu_wK_w-(1-\beta_w)c_w$	$P_w+\alpha_w\beta_w\gamma_wK_w+\alpha_w\beta_w\mu_wK_w-(1-\beta_w)c_w$，$P_w+R_{w1}+\alpha_w\beta_w\gamma_wK_w$
不共享	$P_w+R_{w1}+\alpha_w\beta_w\gamma_wK_w$，$P_w+\alpha_w\beta_w\gamma_wK_w+\alpha_w\beta_w\mu_wK_w-(1-\beta_w)c_w$	P_w，P_w

由表3-2的博弈收益矩阵可知，当员工1和员工2都选择｛共享｝策略时，双方都能获得收益 $P_w+R_{w1}+2\alpha_w\beta_w\gamma_wK_w+\alpha_w\beta_w\mu_wK_w-(1-\beta_w)c_w$；当一方做出｛共享｝、另一方做出｛不共享｝的策略选

择时，选择｛共享｝策略的员工获得收益 $P_w + \alpha_w\beta_w\gamma_w K_w + \alpha_w\beta_w\mu_w K_w - (1-\beta_w)c_w$，选择｛不共享｝策略的员工获得收益 $P_w + R_{w1} + \alpha_w\beta_w\gamma_w K_w$；当双方都做出｛不共享｝的策略选择时，员工1和员工2都只能获得基础收益 P_w。

3.1.1.2 演化博弈过程分析

由上述分析可得，员工采取｛共享｝策略的期望收益 U_{w1}、采取｛不共享｝策略的期望收益 U_{w2} 以及平均收益 $\overline{U_w}$ 分别为：

$$\begin{aligned} U_{w1} &= w[P_w + R_{w1} + 2\alpha_w\beta_w\gamma_w K_w + \alpha_w\beta_w\mu_w K_w - (1-\beta_w)c_w] + \\ &\quad (1-w)[P_w + \alpha_w\beta_w\gamma_w K_w + \alpha_w\beta_w\mu_w K_w - (1-\beta_w)c_w] \\ &= P_w + \alpha_w\beta_w\gamma_w K_w + \alpha_w\beta_w\mu_w K_w - (1-\beta_w)c_w + \\ &\quad w(R_{w1} + \alpha_w\beta_w\gamma_w K_w) \end{aligned} \tag{3-1}$$

$$\begin{aligned} U_{w2} &= w(P_w + R_{w1} + \alpha_w\beta_w\gamma_w K_w) + (1-w)P_w \\ &= P_w + w(R_{w1} + \alpha_w\beta_w\gamma_w K_w) \end{aligned} \tag{3-2}$$

$$\overline{U_w} = wU_{w1} + (1-w)U_{w2} \tag{3-3}$$

根据上述收益函数，可得到演化博弈的复制动态方程：

$$\begin{aligned} W &= \frac{dw}{dt} = w(U_{w1} - \overline{U_w}) \\ &= w(1-w)[\alpha_w\beta_w\gamma_w K_w + \alpha_w\beta_w\mu_w K_w - (1-\beta_w)c_w] \end{aligned} \tag{3-4}$$

3.1.1.3 均衡点的稳定性分析

根据微分方程的稳定性定理以及演化稳定策略的性质，当 $dW/dw<0$ 时，员工到达演化稳定策略。

（1）若 $\alpha_w\beta_w\gamma_w K_w + \alpha_w\beta_w\mu_w K_w = (1-\beta_w)c_w$，即员工进行知识共享带来技术创新绩效提升的收益 $\alpha_w\beta_w\gamma_w K_w$ 与企业对员工知识共享的奖励 $\alpha_w\beta_w\mu_w K_w$ 之和等于员工共享付出的时间、物质成本以及知识泄露风险 $(1-\beta_w)c_w$，则有 $W(w)\equiv 0$，即所有 w 都处于稳定状态。

（2）若 $\alpha_w\beta_w\gamma_w K_w + \alpha_w\beta_w\mu_w K_w \neq (1-\beta_w)c_w$，令 $W(w)=0$，则当 $w=0$、$w=1$ 时，w 为稳定状态，此时可能存在两种情况：第一种情

况，$(1-\beta_w)c_w>\alpha_w\beta_w\gamma_wK_w+\alpha_w\beta_w\mu_wK_w$，即员工进行知识共享带来技术创新绩效提升的收益 $\alpha_w\beta_w\gamma_wK_w$ 与企业对员工知识共享的奖励 $\alpha_w\beta_w\mu_wK_w$ 之和小于员工知识共享付出的成本以及知识泄露风险 $(1-\beta_w)c_w$，$dW/dw|_{w=0}<0$，$dW/dw|_{w=1}>0$，$w=0$ 为均衡点。在这样的条件下，员工受到的企业激励与知识共享带来的积极影响小于其共享知识的成本及风险，选择｛共享｝策略会导致自身利益受损，那么所有员工都会选择｛不共享｝的策略，这不利于整体创新绩效的提高。第二种情况，$(1-\beta_w)c_w<\alpha_w\beta_w\gamma_wK_w+\alpha_w\beta_w\mu_wK_w$，即员工进行知识共享带来技术创新绩效提升的收益 $\alpha_w\beta_w\gamma_wK_w$ 与企业对员工知识共享的奖励 $\alpha_w\beta_w\mu_wK_w$ 之和大于员工知识共享付出的成本以及知识泄露风险 $(1-\beta_w)c_w$，$dW/dw|_{w=0}>0$，$dW/dw|_{w=1}<0$，$w=1$ 为均衡点。在这样的条件下，员工知识共享的收益大于共享知识所付出的成本，那么所有员工都会选择｛共享｝的策略，这将提高企业技术创新绩效、增加员工收益，达到双赢的效果。

3.1.1.4 基于员工—员工演化博弈结果的分析

根据员工之间知识共享的演化博弈均衡点的分析，本章发现员工的策略选择受多个因素的影响。当员工拥有的知识对技术创新绩效的贡献程度 α_w、内部战略共识程度 β_w、技术创新绩效提高带来的员工收益系数 γ_w、技术创新绩效提高带来的员工奖励系数 μ_w、员工拥有的知识存量 K_w 增大，员工知识共享所需要花费的时间成本、物质成本以及知识泄露的风险 c_w 减小时，采取｛共享｝策略的员工比例 w 随之提高。这意味着，内部战略共识程度与员工的知识共享策略直接相关，内部战略共识程度越高，员工拥有更高的目标一致性以及对企业的归属感和认同感，就越倾向于共享自有知识。同时，当内部达成战略共识时，知识共享所花费的时间和精力成本也会有所降低；企业对员工知识共享行为的奖励也会促使员工采取积极的策略，当企业给予的奖励提高时，更多的员工受到激励，选择进行知识共享。知识共享所需付出的成本是导致员工不愿意进行知识共享的重要因素。

在上述的影响因素中，员工拥有的知识对技术创新绩效的贡献程度α_w、员工拥有的知识存量K_w等，企业难以在短时间内进行改变，但企业可通过提高内部战略共识程度β_w，增加对员工的奖励比率μ_w，同时降低员工的共享成本c_w，促使员工做出｛共享｝的策略选择，从而提高员工收益与技术创新绩效。因此，企业要注重与员工分享组织愿景、共享价值理念，提高他们对企业战略目标的认同感和工作使命感，从而使员工达成战略共识。内部战略共识促进企业内部产生更多的积极社会交换，降低知识共享的壁垒，激发员工共享知识行为，进而提高员工和企业产生新想法、新方案等创新能力，促进企业技术创新绩效的提升。

3.1.2　企业内员工与高管之间的演化博弈分析

3.1.2.1　问题描述与参数设定

企业高层管理者分为高层管理者个体和高层管理者团队，高层管理者个体和团队的区别及其特征不是本章关注的重点，因此，本章不对高层管理者个体和高层管理团队进行专门的区分，统称为企业高层管理者，简称高管。在进行演化博弈分析前，本章做出以下假设：积极的沟通能够提高企业的内部战略共识（Jabarzadeh et al.，2019），知识共享促使企业技术创新绩效的提高，且高管的形象、管理水平等与技术创新绩效的高低挂钩。高管有沟通与不沟通两种策略选择，主要指高管是否就企业战略与员工进行沟通；员工有共享与不共享两种策略选择，主要指员工是否与其他员工进行知识共享，包括员工与本部门和其他部门成员的知识共享。假设在企业内员工与高管之间的演化博弈问题分析的初始阶段，高管群体中采取｛沟通｝策略的高管比例为l，相应地，采取｛不沟通｝策略的高管比例为$1-l$。采取｛共享｝策略的员工比例为w，则采取｛不共享｝策略的员工比例为$1-w$。

相关参数设定如表3-3所示。

表3-3　　员工—高管博弈模型的参数设定

参数	含义
P_w	员工在不共享前提下的基础收益
β_w	内部战略共识程度，即员工对企业战略的一致性认知程度
γ_w	企业技术创新绩效提高带来的员工收益系数，即当技术创新绩效提升1单位时对员工提升的收益
μ_w	企业技术创新绩效提高带来的员工奖励系数，即当技术创新绩效提升1单位时对员工的奖励比率
R_{w1}	员工知识共享所获得的隐性收益，如创新能力的提高、知识储备的增加等
R_{w2}	员工知识共享后技术创新绩效的提高
c_w	员工知识共享所需要花费的时间成本、物质成本以及知识泄露的风险
P_l	高管在不沟通前提下的基础收益
β_l	高管的沟通程度
R_l	高管在与员工沟通带来的技术创新绩效提高
γ_l	企业技术创新绩效带来的高管收益系数，即当技术创新绩效提升1单位时高管收益的提升
λ_l	高管形象激励系数，即当技术创新绩效提高时高管所得到的个人信誉提升和个人口碑树立等
c_l	高管与员工沟通时，所需要花费的时间成本、物质成本

以上的各项收益均大于0，β_w、γ_w、μ_w、β_l、γ_l、λ_l 的取值在(0，1)，根据问题描述与参数设定，表3-4给出了企业内高管与员工的博弈收益矩阵。

表3-4　　员工—高管的博弈收益矩阵

员工	高管	
	沟通	不沟通
共享	$P_w+R_{w1}+\gamma_w R_{w2}+\gamma_w R_l+\mu_w R_{w2}-(1-\beta_w)c_w$，$P_l+(\gamma_l+\lambda_l)R_l+(\gamma_l+\lambda_l)R_{w2}-(1-\beta_l)c_l$	$P_w+\gamma_w R_{w2}+\mu_w R_{w2}-(1-\beta_w)c_w$，$P_l+(\gamma_l+\lambda_l)R_{w2}$
不共享	$P_w+\gamma_w R_l$，$P_l+(\gamma_l+\lambda_l)R_l-(1-\beta_l)c_l$	P_w，P_l

3.1.2.2 演化博弈过程分析

（1）员工的策略与期望收益。

由上述分析可得，员工采取｛共享｝策略的期望收益 U_{w1}、采取｛不共享｝策略的期望收益 U_{w2} 以及平均收益 $\overline{U_w}$ 分别为：

$$\begin{aligned} U_{w1} &= l[P_w + R_{w1} + \gamma_w R_{w2} + \gamma_w R_l + \mu_w R_{w2} - (1-\beta_w)c_w] + \\ &\quad (1-l)[P_w + \gamma_w R_{w2} + \mu_w R_{w2} - (1-\beta_w)c_w] \\ &= P_w + \gamma_w R_{w2} + \mu_w R_{w2} - (1-\beta_w)c_w + l(R_{w1} + \gamma_w R_l) \end{aligned} \tag{3-5}$$

$$\begin{aligned} U_{w2} &= l(P_w + \gamma_w R_l) + (1-l)P_w \\ &= P_w + l\gamma_w R_l \end{aligned} \tag{3-6}$$

$$\overline{U_w} = wU_{w1} + (1-w)U_{w2} \tag{3-7}$$

根据上述收益函数，可得到演化博弈的复制动态方程：

$$\begin{aligned} W &= \frac{dw}{dt} = w(U_{w1} - \overline{U_w}) = w(1-w)[\gamma_w R_{w2} + \mu_w R_{w2} + lR_{w1} - \\ &\quad (1-\beta_w)c_w] \end{aligned} \tag{3-8}$$

根据微分方程的稳定性定理以及演化稳定策略的性质，当 $dW/dw<0$ 时，员工到达演化稳定策略。

若 $\gamma_w R_{w2} + \mu_w R_{w2} + lR_{w1} = (1-\beta_w)c_w$，则有 $W(w)\equiv 0$，即所有 w 都处于稳定状态；若 $\gamma_w R_{w2} + \mu_w R_{w2} + lR_{w1} \neq (1-\beta_w)c_w$，令 $W(w)=0$，则当 $w=0$、$w=1$ 时，w 为稳定状态，此时可能会存在两种情况：$\gamma_w R_{w2} + \mu_w R_{w2} + lR_{w1} < (1-\beta_w)c_w$，$dW/dw|_{w=0}<0$，$dW/dw|_{w=1}>0$，$w=0$ 为均衡点；$\gamma_w R_{w2} + \mu_w R_{w2} + lR_{w1} > (1-\beta_w)c_w$，$dW/dw|_{w=0}>0$，$dW/dw|_{w=1}<0$，$w=1$ 为均衡点。

（2）高管的策略与期望收益。

由上述分析可得，高管采取｛沟通｝策略的期望收益 U_{l1}、采取｛不沟通｝策略的期望收益 U_{l2} 以及平均收益 $\overline{U_l}$ 分别为：

$$\begin{aligned} U_{l1} &= w[P_l + (\gamma_l + \lambda_l)R_l + (\gamma_l + \lambda_l)R_{w2} - (1-\beta_l)c_l] + \\ &\quad (1-w)[P_l + (\gamma_l + \lambda_l)R_l - (1-\beta_l)c_l] \\ &= P_l + (\gamma_l + \lambda_l)R_l - (1-\beta_l)c_l + w(\gamma_l + \lambda_l)R_{w2} \end{aligned} \tag{3-9}$$

$$U_{l2}=w[P_l+(\gamma_l+\lambda_l)R_{w2}]+(1-w)P_l$$
$$=P_l+w(\gamma_l+\lambda_l)R_{w2} \tag{3-10}$$
$$\overline{U_l}=lU_{l1}+(1-l)U_{l2} \tag{3-11}$$

根据高管的收益函数，可得到高管演化博弈的复制动态方程：

$$L=\frac{dl}{dt}=l(U_{l1}-\overline{U_l})=l(1-l)[(\gamma_l+\lambda_l)R_l-(1-\beta_l)c_l] \tag{3-12}$$

根据微分方程的稳定性定理以及演化稳定策略的性质，当 $dL/dl<0$ 时，高管到达演化稳定策略。

若 $(\gamma_l+\lambda_l)R_l=(1-\beta_l)c_l$，则有 $L(l)\equiv 0$，即所有 l 都处于稳定状态；若 $(\gamma_l+\lambda_l)R_l\neq(1-\beta_l)c_l$，令 $L(l)=0$，则当 $l=0$、$l=1$ 时，l 为稳定状态。此时可能存在两种情况：当 $(\gamma_l+\lambda_l)R_l>(1-\beta_l)c_l$，$dL/dl|_{l=0}<0$，$dL/dl|_{l=1}>0$，$l=0$ 为均衡点；当 $(\gamma_l+\lambda_l)R_l<(1-\beta_l)c_l$，$dL/dl|_{l=0}>0$，$dL/dl|_{l=1}<0$，$l=1$ 为均衡点。

3.1.2.3 均衡点的稳定性分析

借鉴庞庆华等（2019）的做法，对复制动态方程进行雅克比矩阵 J 分析，以讨论系统的均衡点的稳定性。

$$J=\begin{bmatrix}J_1 & J_2\\ J_3 & J_4\end{bmatrix}=\begin{bmatrix}\partial W/\partial w & \partial W/\partial l\\ \partial L/\partial w & \partial L/\partial l\end{bmatrix}$$
$$=\begin{bmatrix}(1-2w)[\gamma_w R_{w2}+\mu_w R_{w2}+lR_{w1}-(1-\beta_w)c_w] & 0\\ 0 & (1-2l)[(\gamma_l+\lambda_l)R_l-(1-\beta_l)c_l]\end{bmatrix} \tag{3-13}$$

由式（3-13）可知，系统均衡点为 $E_1(1,1)$，$E_2(1,0)$，$E_3(0,1)$，$E_4(0,0)$，$E_5(x^*,y^*)$。其中，(x^*,y^*) 是式（3-14）的解。

$$\begin{cases}\gamma_w R_{w2}+\mu_w R_{w2}+lR_{w1}-(1-\beta_w)c_w=0\\ (\gamma_l+\lambda_l)R_l-(1-\beta_l)c_l=0\end{cases} \tag{3-14}$$

由于在演化博弈过程中，复制动态系统的渐进稳定解严格符合纳什均衡，因此不需要考虑均衡点 E_5。本章使用李雅普诺夫间接法，分析员工—高管演化博弈系统的均衡点以及均衡点的渐进稳定性，具体见表3－5。

表3－5　员工—高管演化博弈系统的均衡点及其特征值

均衡点	特征值		稳定性
	λ_1	λ_2	
$E_1(1, 1)$	$-[\gamma_w R_{w2}+\mu_w R_{w2}+R_{w1}-(1-\beta_w)c_w]$	$-[(\gamma_l+\lambda_l)R_l-(1-\beta_l)c_l]$	情形1
$E_2(1, 0)$	$-[\gamma_w R_{w2}+\mu_w R_{w2}-(1-\beta_w)c_w]$	$(\gamma_l+\lambda_l)R_l-(1-\beta_l)c_l$	情形2
$E_3(0, 1)$	$\gamma_w R_{w2}+\mu_w R_{w2}+R_{w1}-(1-\beta_w)c_w$	$-[(\gamma_l+\lambda_l)R_l-(1-\beta_l)c_l]$	情形3
$E_4(0, 0)$	$\gamma_w R_{w2}+\mu_w R_{w2}-(1-\beta_w)c_w$	$(\gamma_l+\lambda_l)R_l-(1-\beta_l)c_l$	情形4

情形1：在均衡点 $E_1(1, 1)$ 处，$-[\gamma_w R_{w2}+\mu_w R_{w2}+R_{w1}-(1-\beta_w)c_w]<0$，即员工进行知识共享带来技术创新绩效提升的收益 $\gamma_w R_{w2}$、企业对员工知识共享的奖励 $\mu_w R_{w2}$ 与员工知识共享的隐性收益 R_{w1} 之和大于员工知识共享付出的成本（$1-\beta_w)c_w$；$-[(\gamma_l+\lambda_l)R_l-(1-\beta_l)c_l]<0$，即高管沟通带来的收益（$\gamma_l+\lambda_l)R_l$ 大于高管沟通所付出的成本（$1-\beta_l)c_l$，员工会做出｛共享｝的策略选择，高管会做出｛沟通｝的策略选择。在这样的条件下，对于员工而言，其共享知识的收益大于所付出成本，出于提升个体能力与薪资报酬的目的，会选择进行知识共享；同样，高管进行有效信息传递与沟通带来的收益大于其沟通所付出的成本，高管为了企业的整体发展前景与个人的收益，选择积极地与员工沟通。由此，企业内沟通顺畅，知识传递链更加完整，有助于提升企业的技术创新绩效。

情形2：在均衡点 $E_2(1, 0)$ 处，$-[\gamma_w R_{w2}+\mu_w R_{w2}-(1-\beta_w)c_w]<0$，即员工进行知识共享带来技术创新绩效提升的收益 $\gamma_w R_{w2}$ 与企业对员工知识共享的奖励 $\mu_w R_{w2}$ 大于员工知识共享付出的成本（$1-\beta_w)c_w$；$(\gamma_l+\lambda_l)R_l-(1-\beta_l)c_l<0$，即高管沟通带来的收益（$\gamma_l+\lambda_l)R_l$ 小于高管沟通所付出的成本（$1-\beta_l)c_l$，员工会做出｛共享｝的策略选

择，高管会做出｛不沟通｝的策略选择。在这样的条件下，员工共享知识的收益大于其付出成本，出于提升能力和薪资报酬的目的，会选择知识共享，但是难以得到来自高管的积极反馈；对于高管而言，进行信息传递与沟通产生的收益小于其沟通所付出的成本，高管放弃与员工沟通。由此，员工的知识共享行为无法持续，企业内的知识传递链条得不到维持，不利于技术创新绩效的提升。

情形3：在均衡点 $E_3(0, 1)$ 处，$\gamma_w R_{w2} + \mu_w R_{w2} + R_{w1} - (1-\beta_w) c_w < 0$，即员工进行知识共享带来技术创新绩效提升的收益 $\gamma_w R_{w2}$、企业对员工知识共享的奖励 $\mu_w R_{w2}$ 与员工知识共享的隐性收益 R_{w1} 之和小于员工知识共享付出的成本 $(1-\beta_w)c_w$；$-[(\gamma_1+\lambda_1)R_1-(1-\beta_1)c_1]<0$，即高管沟通带来的收益 $(\gamma_1+\lambda_1)R_1$ 大于高管沟通所付出的成本 $(1-\beta_1)c_1$，员工会做出｛不共享｝的策略选择，高管会做出｛沟通｝的策略选择。在这样的条件下，高管进行有效信息传递与沟通带来的收益大于其沟通所付出的成本，高管为了企业的整体发展前景与个人的收益，仍然选择积极地与员工沟通；但是，对于员工而言，其共享知识的收益小于付出的成本，因此员工会产生懈怠、逃避的心理，为了避免损失而不进行知识共享，这降低了企业整体的知识传递效率，不利于技术创新绩效的提高。

情形4：在均衡点 $E_4(0, 0)$ 处，$\gamma_w R_{w2} + \mu_w R_{w2} - (1-\beta_w) c_w < 0$，即员工进行知识共享带来技术创新绩效提升的收益 $\gamma_w R_{w2}$ 与企业对员工知识共享的奖励 $\mu_w R_{w2}$ 小于员工知识共享付出的成本 $(1-\beta_w)c_w$；$(\gamma_1+\lambda_1)R_1-(1-\beta_1)c_1<0$，即高管沟通后带来的收益 $(\gamma_1+\lambda_1)R_1$ 小于高管沟通所付出的成本 $(1-\beta_1)c_1$，员工会做出｛不共享｝的策略选择，高管会做出｛不沟通｝的策略选择。在这样的条件下，员工共享知识的收益小于所付出成本，这样员工为避免损失将不进行知识共享；对于高管而言，进行信息传递与沟通产生的收益小于其沟通所付出的成本，高管放弃与员工沟通。这样企业陷入内部战略共识程度低、知识共享不足的僵局，这不利于技术创新绩效的提升。

3.1.2.4　基于员工—高管演化博弈结果的分析

根据员工与高管演化博弈均衡点的分析，本章发现员工与高管的策略选择受到多个因素的影响。

对于员工而言，其行为选择与企业对知识共享给予的奖励以及员工自身所付出的成本高低有关。当企业技术创新绩效提高带来的员工收益提升系数 γ_w、技术创新绩效提高带来的员工奖励系数 μ_w、员工知识共享所获得的隐性收益 R_{w1}、员工共享后带来的技术创新绩效的提高 R_{w2} 与内部战略共识程度 β_w 增加，且员工知识共享花费的时间成本、物质成本以及知识泄露风险 c_w 降低时，员工群体中采取｛共享｝策略的比例 w 提高。员工进行知识共享有利于企业技术创新绩效的提高，当他们从技术创新绩效提高中获得的收益增加时，会更愿意选择知识共享的策略；内部战略共识程度影响员工对企业战略和目标的认同感，也关系到其进行知识共享过程中所需要付出的时间和精力，内部战略共识程度越高时，信息交流越顺畅。

对于高管而言，其行为选择与沟通带来的技术创新绩效的提高、沟通所付出的成本高低有关。当高管与员工沟通带来的技术创新绩效的提高 R_l、高管沟通程度 β_l、技术创新绩效提高带来高管收益提升的比例 γ_l、形象激励系数 λ_l 增加且高管与员工沟通所需要花费的时间成本、物质成本 c_l 降低时，高管群体中采取｛沟通｝策略的比例 l 提高。当技术创新绩效提高时，公司竞争能力与地位都有所提升，这使高管获得个人口碑与收入的双重收益；沟通程度影响内部战略共识，当高管的沟通程度较高时，员工对于公司战略有更深入、更准确的认识，这可以有效降低知识共享壁垒、提高知识共享效率；高管收益与创新绩效的挂钩程度影响高管沟通的积极性，当企业技术创新绩效提高给高管带来较高的收益时，他们将花费更多精力与员工沟通以提高技术创新绩效；此外，形象与声誉对高管有重要作用，当企业创新绩效表现优良时，高管可以在行业内树立良好的个人形象，有利于其长远发展。但是，高管与员工沟通需要花费一定的时间成本与物质成本，这是降低其与员工沟通意愿的重要因素。

在上述影响因素中，提高内部战略共识程度、降低知识共享成本以及建立健全奖惩机制是促使高管与员工选择积极策略的主要因素。通过对部分因素施加影响能够促使高管采取沟通的策略、员工采取知识共享的策略，从而使系统达到最佳的演化稳定状态 $E_1(1, 1)$。具体地，良好的组织沟通能够帮助员工认知、理解和认同组织战略目标，而员工对战略的认同和积极实施与战略目标的实现密切相关。企业可以通过多种形式展示和传递企业战略，分享企业愿景和战略目标，进而提升内部战略共识程度。同时，高管与员工间信任关系的培养可以提高员工的组织认同感与归属感，促使企业内部战略共识的达成。企业应当营造出一种开放、信任的组织环境，重视物质激励和精神激励的共同作用，从而提高员工对企业战略的认同感，降低沟通的成本。此外，良好的内部组织协同、合理的资源配置降低知识共享与沟通的成本，企业要注重知识共享渠道的畅通和激励机制的完善，将知识共享纳入员工的考核指标，定期给予表彰奖励。

3.2 外部战略共识的影响分析

随着创新复杂性的日益增加，企业内部的知识储备往往不能满足创新活动的需要，此时企业需要与外部组织合作，通过知识共享增加自身的知识储备，以弥补知识缺口。供应链合作伙伴对协同创新战略达成一致性认知，并通过签订战略合作协议等方式推进战略合作，彼此共享知识、提高整体创新水平。Simatupang 和 Sridharan（2004）的研究发现，供应链成员共同致力于满足消费者需求，能够带来超过各个企业单独努力的收益，创造供应链整体竞争优势。客户和供应商是企业创新的重要外部力量，越来越多的企业开始重视客户和供应商的创新参与（杨帆，2016）。本章运用演化博弈分析供应链企业间战略共识、知识共享对企业技术创新绩效的作用机理。

3.2.1 供应链企业间的演化博弈分析

3.2.1.1 问题描述与参数设定

伙伴关系是知识共享决策的重要促进因素（He et al.，2011），供应链合作伙伴间的战略共识促进企业间的知识共享行为。同时，收益是驱动供应链企业进行知识共享的主要因素（李倩等，2018），包括知识共享带来的直接收益、企业双方同时采取知识共享的策略时所带来的协同收益等。在进行博弈分析前，本章做出以下假设：企业间的知识共享行为正向影响企业技术创新绩效（龙勇和汪谷腾，2018），同时企业之间的知识共享存在机会主义行为，可能会有“搭便车”现象，该行为会使企业在供应链中的形象受到影响。与个体类似，组织对是否共享自有知识有两种策略选择，即共享与不共享，假设在供应链企业间知识共享问题分析的初始阶段，企业群体中有 e 比例的企业采取｛共享｝策略，相应地，有 1 - e 比例的企业采取｛不共享｝策略。

相关参数设定如表3-6所示。

表3-6　企业间知识共享的演化博弈参数设定

参数	含义
P_e	企业在不共享前提下的基础收益
K_e	企业拥有的可以共享的知识存量
α_e	知识收益系数，即企业进行知识共享所带来的技术创新绩效提升系数，它与另一方企业共享的知识量相关
β_e	外部战略共识程度，即企业双方对事关彼此战略利益方面协同合作、相互信任的一致性认知程度
γ_e	协同收益系数，即企业双方同时采取知识共享的策略时，所带来的额外收益

续表

参数	含义
m_e	知识共享成本，企业采取知识共享策略时，所需要花费的时间成本、物质成本等
r_e	知识泄露风险系数，即企业采取知识共享策略时，需要承担的知识泄露带来的损失
v_e	惩罚系数，即当一方企业进行知识共享而另一方不共享时，采取｛不共享｝策略的企业所需要接受的惩罚，如合作机会的减少、声誉地位的下降等，它与另一方企业共享的知识量相关
λ_e	奖励系数，当企业采取｛共享｝的策略时所得到的奖励，如企业信誉的提升、口碑的树立等，它与企业自身共享的知识量相关

以上的各项收益均大于 0，α_e、β_e、γ_e、r_e、v_e、λ_e 的取值在 (0，1)，根据问题描述与参数设定，表 3－7 给出了企业间知识共享的博弈收益矩阵。

表 3－7　　企业间知识共享的博弈收益矩阵

企业1	企业2	
	共享	不共享
共享	$P_{e1}+\alpha_{e1}\beta_{e2}K_{e2}+\beta_{e1}\gamma_{e1}K_{e1}+\lambda_{e1}\beta_{e1}K_{e1}-\beta_{e1}r_{e1}K_{e1}-(1-\beta_{e1})m_{e1}$，$P_{e2}+\alpha_{e2}\beta_{e1}K_{e1}+\beta_{e2}\gamma_{e2}K_{e2}+\lambda_{e2}\beta_{e2}K_{e2}-\beta_{e2}r_{e2}K_{e2}-(1-\beta_{e2})m_{e2}$	$P_{e1}+\lambda_{e1}\beta_{e1}K_{e1}-\beta_{e1}r_{e1}K_{e1}-(1-\beta_{e1})m_{e1}$，$P_{e2}+\alpha_{e2}\beta_{e1}K_{e1}-\beta_{e1}v_{e2}K_{e1}$
不共享	$P_{e1}+\alpha_{e1}\beta_{e2}K_{e2}-\beta_{e2}v_{e1}K_{e2}$，$P_{e2}+\lambda_{e2}\beta_{e2}K_{e2}-\beta_{e2}r_{e2}K_{e2}-(1-\beta_{e2})m_{e2}$	P_{e1}，P_{e2}

需要指出的是，在供应链中，不同企业往往处于不同的位置，即企业之间在供应链中的话语权存在一定的差异，本章将企业群体区分为核心企业群体与非核心企业群体，此时有 $P_{ei}\neq P_{ej}$、$K_{ei}\neq K_{ej}$、$\alpha_{ei}\neq\alpha_{ej}$(i，j=1，2；且 i=3－j) 等；当两个企业属于同一个群体时，此时将有 $P_{ei}=P_{ej}$、$K_{ei}=K_{ej}$、$\alpha_{ei}=\alpha_{ej}$(i，j=1，2；且 i=3－j) 等。

3.2.1.2 演化博弈过程分析

（1）企业1的策略与期望收益。

由上述分析可得，企业1采取｛共享｝策略的期望收益 U_{e1}、采取｛不共享｝策略的期望收益 U_{e2} 以及平均收益 $\overline{U_e}$ 分别为：

$$\begin{aligned} U_{e1} &= f[P_{e1}+\alpha_{e1}\beta_{e2}K_{e2}+\beta_{e1}\gamma_{e1}K_{e1}+\lambda_{e1}\beta_{e1}K_{e1}-\beta_{e1}r_{e1}K_{e1}-(1-\beta_{e1})m_{e1}] \\ &\quad +(1-f)[P_{e1}+\lambda_{e1}\beta_{e1}K_{e1}-\beta_{e1}r_{e1}K_{e1}-(1-\beta_{e1})m_{e1}] \\ &= P_{e1}+\lambda_{e1}\beta_{e1}K_{e1}-\beta_{e1}r_{e1}K_{e1}-(1-\beta_{e1})m_{e1}+ \\ &\quad f(\alpha_{e1}\beta_{e2}K_{e2}+\beta_{e1}\gamma_{e1}K_{e1}) \end{aligned} \tag{3-15}$$

$$\begin{aligned} U_{e2} &= f(P_{e1}+\alpha_{e1}\beta_{e2}K_{e2}-\beta_{e2}v_{e1}K_{e2})+(1-f)P_{e1} \\ &= P_{e1}+f(\alpha_{e1}\beta_{e2}K_{e2}-\beta_{e2}v_{e1}K_{e2}) \end{aligned} \tag{3-16}$$

$$\overline{U_e} = eU_{e1}+(1-e)U_{e2} \tag{3-17}$$

根据企业1的收益函数，可得到企业1演化博弈的复制动态方程：

$$\begin{aligned} E &= \frac{de}{dt} = e(U_{e1}-\overline{U_e}) \\ &= e(1-e)[\lambda_{e1}\beta_{e1}K_{e1}-\beta_{e1}r_{e1}K_{e1}-(1-\beta_{e1})m_{e1}+ \\ &\quad f(\beta_{e1}\gamma_{e1}K_{e1}+\beta_{e2}v_{e1}K_{e2})] \end{aligned} \tag{3-18}$$

根据微分方程的稳定性定理以及演化稳定策略的性质，当 $dE/de<0$ 时，企业1到达演化稳定策略。

若 $\beta_{e1}r_{e1}K_{e1}+(1-\beta_{e1})m=f(\beta_{e1}\gamma_{e1}K_{e1}+\beta_{e2}v_{e1}K_{e2})_{e1}+\lambda_{e1}\beta_{e1}K_{e1}$，则有 $E(e)\equiv0$，即所有 e 都是稳定状态；若 $\beta_{e1}r_{e1}K_{e1}+(1-\beta_{e1})m_{e1}\neq f(\beta_{e1}\gamma_{e1}K_{e1}+\beta_{e2}v_{e1}K_{e2})+\lambda_{e1}\beta_{e1}K_{e1}$，令 $E(e)=0$，则当 $e=0$，$e=1$ 时，e 为稳定状态。此时可能存在两种情况：$\beta_{e1}r_{e1}K_{e1}+(1-\beta_{e1})m_{e1}>f(\beta_{e1}\gamma_{e1}K_{e1}+\beta_{e2}v_{e1}K_{e2})+\lambda_{e1}\beta_{e1}K_{e1}$，$dE/de|_{e=0}<0$，$dE/de|_{e=1}>0$，$e=0$ 为均衡点；$\beta_{e1}r_{e1}K_{e1}+(1-\beta_{e1})m_{e1}<f(\beta_{e1}\gamma_{e1}K_{e1}+\beta_{e2}v_{e1}K_{e2})+\lambda_{e1}\beta_{e1}K_{e1}$，$dE/de|_{e=0}>0$，$dE/de|_{e=1}<0$，$e=1$ 为均衡点。

（2）企业2的策略与期望收益。

由上述分析可得，企业2采取｛共享｝策略的期望收益 U_{f1}、采取｛不共享｝策略的期望收益 U_{f2} 以及平均收益 $\overline{U_f}$ 分别为：

$$U_{f1}=e[P_{e2}+\alpha_{e2}\beta_{e1}K_{e1}+\beta_{e2}\gamma_{e2}K_{e2}+\lambda_{e2}\beta_{e2}K_{e2}-\beta_{e2}r_{e2}K_{e2}-(1-\beta_{e2})m_{e2}]+(1-e)[P_{e2}+\lambda_{e2}\beta_{e2}K_{e2}-\beta_{e2}r_{e2}K_{e2}-(1-\beta_{e2})m_{e2}]$$

$$=P_{e2}+\lambda_{e2}\beta_{e2}K_{e2}-\beta_{e2}r_{e2}K_{e2}-(1-\beta_{e2})m_{e2}+f(\alpha_{e2}\beta_{e1}K_{e1}+\beta_{e2}\gamma_{e2}K_{e2}) \tag{3-19}$$

$$U_{f2}=e(P_{e2}+\alpha_{e2}\beta_{e1}K_{e1}-\beta_{e1}v_{e2}K_{e1})+(1-e)P_{e2}=P_{e2}+e(\alpha_{e2}\beta_{e1}K_{e1}-\beta_{e1}v_{e2}K_{e1}) \tag{3-20}$$

$$\overline{U_f}=fU_{f1}+(1-f)U_{f2} \tag{3-21}$$

根据企业 2 的收益函数，可得到企业 2 演化博弈的复制动态方程：

$$F=\frac{df}{dt}=f(U_{f1}-\overline{U_f})=f(1-f)[\lambda_{e2}\beta_{e2}K_{e2}-\beta_{e2}r_{e2}K_{e2}-(1-\beta_{e2})m_{e2}+e(\beta_{e2}\gamma_{e2}K_{e2}+\beta_{e1}v_{e2}K_{e1})] \tag{3-22}$$

根据微分方程的稳定性定理以及演化稳定策略的性质，当 $dF/df<0$ 时，企业 2 到达演化稳定策略。

若 $\beta_{e2}r_{e2}K_{e2}+(1-\beta_{e2})m_{e2}=e(\beta_{e2}\gamma_{e2}K_{e2}+\beta_{e1}v_{e2}K_{e1})+\lambda_{e2}\beta_{e2}K_{e2}$，则有 $F(f)\equiv0$，即所有 f 都是稳定状态；若 $\beta_{e2}r_{e2}K_{e2}+(1-\beta_{e2})m_{e2}\neq e(\beta_{e2}\gamma_{e2}K_{e2}+\beta_{e1}v_{e2}K_{e1})+\lambda_{e2}\beta_{e2}K_{e2}$ 时，令 $F(f)=0$，则当 $f=0$，$f=1$ 时，f 为稳定状态。此时可能存在两种情况：当 $\beta_{e2}r_{e2}K_{e2}+(1-\beta_{e2})m_{e2}>e(\beta_{e2}\gamma_{e2}K_{e2}+\beta_{e1}v_{e2}K_{e1})+\lambda_{e2}\beta_{e2}K_{e2}$，$dF/df|_{f=0}<0$，$dF/df|_{f=1}>0$，$f=0$ 为均衡点；当 $\beta_{e2}r_{e2}K_{e2}+(1-\beta_{e2})m_{e2}<e(\beta_{e2}\gamma_{e2}K_{e2}+\beta_{e1}v_{e2}K_{e1})+\lambda_{e2}\beta_{e2}K_{e2}$，$dF/df|_{f=0}>0$，$dF/df|_{f=1}<0$，$f=1$ 为均衡点。

3.2.1.3 均衡点的稳定性分析

对复制动态方程进行雅克比矩阵 J 分析，讨论系统均衡点的稳定性。

$$J=\begin{bmatrix}J_1 & J_2\\ J_3 & J_4\end{bmatrix}=\begin{bmatrix}\partial E/\partial e & \partial E/\partial f\\ \partial F/\partial e & \partial F/\partial f\end{bmatrix}$$

$$=\begin{bmatrix}\begin{array}{l}(1-2e)[\lambda_{e1}\beta_{e1}K_{e1}-\\ \beta_{e1}r_{e1}K_{e1}-(1-\beta_{e1})m_{e1}+\\ f(\beta_{e1}\gamma_{e1}K_{e1}+\beta_{e2}v_{e1}K_{e2})\end{array} & 0\\ 0 & \begin{array}{l}(1-2f)[\lambda_{e2}\beta_{e2}K_{e2}-\\ \beta_{e2}r_{e2}K_{e2}-(1-\beta_{e2})m_{e2}+\\ e(\beta_{e2}\gamma_{e2}K_{e2}+\beta_{e1}v_{e2}K_{e1})]\end{array}\end{bmatrix}\tag{3-23}$$

由式（3-23）可知，系统的均衡点为 $E_1(1, 1)$，$E_2(1, 0)$，$E_3(0, 1)$，$E_4(0, 0)$，$E_5(x^*, y^*)$。其中，(x^*, y^*) 是式（3-24）的解。

$$\begin{cases}\lambda_{e1}\beta_{e1}K_{e1}-\beta_{e1}r_{e1}K_{e1}-(1-\beta_{e1})m_{e1}+f(\beta_{e1}\gamma_{e1}K_{e1}+\beta_{e2}v_{e1}K_{e2})=0\\ \lambda_{e2}\beta_{e2}K_{e2}-\beta_{e2}r_{e2}K_{e2}-(1-\beta_{e2})m_{e2}+e(\beta_{e2}\gamma_{e2}K_{e2}+\beta_{e1}v_{e2}K_{e1})=0\end{cases}\tag{3-24}$$

由于在演化博弈过程中，其复制动态系统的渐进稳定解严格符合纳什均衡，因此不需要考虑均衡点 E_5。本章使用李雅普诺夫间接法，分析企业—企业演化博弈系统的均衡点及其渐进稳定性，具体见表3-8。

表3-8　企业间知识共享博弈系统的均衡点及其特征值

均衡点	特征值	
	λ_1	λ_2
$E_1(1, 1)$	$-[\beta_{e1}\gamma_{e1}K_{e1}+\beta_{e2}v_{e1}K_{e2}+\lambda_{e1}\beta_{e1}K_{e1}-\beta_{e1}r_{e1}K_{e1}-(1-\beta_{e1})m_{e1}]$	$-[\beta_{e2}\gamma_{e2}K_{e2}+\beta_{e1}v_{e2}K_{e1}+\lambda_{e2}\beta_{e2}K_{e2}-\beta_{e2}r_{e2}K_{e2}-(1-\beta_{e2})m_{e2}]$
$E_2(1, 0)$	$-[\lambda_{e1}\beta_{e1}K_{e1}-\beta_{e1}r_{e1}K_{e1}-(1-\beta_{e1})m_{e1}]$	$\beta_{e2}\gamma_{e2}K_{e2}+\beta_{e1}v_{e2}K_{e1}+\lambda_{e2}\beta_{e2}K_{e2}--\beta_{e2}r_{e2}K_{e2}-(1-\beta_{e2})m_{e2}$
$E_3(0, 1)$	$\beta_{e1}\gamma_{e1}K_{e1}+\beta_{e2}v_{e1}K_{e2}+\lambda_{e1}\beta_{e1}K_{e1}-\beta_{e1}r_{e1}K_{e1}-(1-\beta_{e1})m_{e1}$	$-[\lambda_{e2}\beta_{e2}K_{e2}-\beta_{e2}r_{e2}K_{e2}-(1-\beta_{e2})m_{e2}]$
$E_4(0, 0)$	$\lambda_{e1}\beta_{e1}K_{e1}-\beta_{e1}r_{e1}K_{e1}-(1-\beta_{e1})m_{e1}$	$\lambda_{e2}\beta_{e2}K_{e2}-\beta_{e2}r_{e2}K_{e2}-(1-\beta_{e2})m_{e2}$

考虑到不同企业在供应链中的话语权差异，地位可能相同，也可能不同，因此本章就企业地位平等和地位不平等两种情况分别进行讨论。

（1）企业地位平等。

如果企业之间的地位平等，其收益与成本处于同一水平，那么在系统均衡点 $E_2(1, 0)$ 处，假设 $-[\lambda_{e1}\beta_{e1}K_{e1}-\beta_{e1}r_{e1}K_{e1}-(1-\beta_{e1})m_{e1}]<0$，可以推算得出 $\beta_{e2}\gamma_{e2}K_{e2}+\beta_{e1}v_{e2}K_{e1}+\lambda_{e2}\beta_{e2}K_{e2}-\beta_{e2}r_{e2}K_{e2}-(1-\beta_{e2})m_{e2}>0$ 恒成立，不满足演化稳定的条件。同样地，在系统均衡点 $E_3(0, 1)$ 处，不满足演化稳定的条件，在此均不予讨论，仅需考虑以下两种情形。

情形1：在均衡点 $E_1(1, 1)$ 处，$-[\beta_e\gamma_eK_e+\beta_ev_eK_e+\lambda_e\beta_eK_e-\beta_er_eK_e-(1-\beta_e)m_e]<0$，系统处于演化稳定状态。企业间通过知识共享带来的协同收益 $\beta_e\gamma_eK_e$、企业不进行知识共享导致的声誉损失 $\beta_ev_eK_e$ 与企业进行知识共享带来的形象提升 $\lambda_e\beta_eK_e$ 之和大于企业知识共享付出的成本 $(1-\beta_e)m_e$ 与知识泄露风险 $\beta_er_eK_e$ 之和。在这样的条件下，企业为了提升形象和声誉，更倾向于选择知识共享，当企业双方同时采取｛共享｝策略时，还会产生协同收益，这可以有效地提高供应链上知识传递的效率与效果，提升企业的技术创新绩效。

情形2：在均衡点 $E_4(0, 0)$ 处，当 $\lambda_e\beta_eK_e-\beta_er_eK_e-(1-\beta_e)m_e<0$，系统处于演化稳定状态。企业进行知识共享带来的形象提升 $\lambda_e\beta_eK_e$ 小于企业知识共享所付出的成本 $(1-\beta_e)m_e$ 与知识泄露风险 $\beta_er_eK_e$ 之和。在这样的条件下，企业进行知识共享时需要付出较高的成本，且面临的知识泄露的风险高，因此企业为了规避损失，倾向于做出｛不共享｝的策略选择，降低了技术创新绩效。

（2）企业地位不平等。

若企业间地位不平等，本章设定企业1群体为供应链上的核心企业群体，企业2群体为供应链上非核心企业群体，两者的收益与成本均处于不同水平，需要对不同均衡点处的渐进稳定性进行分析。

情形1：在均衡点 $E_1(1, 1)$ 处，当 $-[\beta_{e1}\gamma_{e1}K_{e1}+\beta_{e2}v_{e1}K_{e2}+\lambda_{e1}\beta_{e1}K_{e1}-\beta_{e1}r_{e1}K_{e1}-(1-\beta_{e1})m_{e1}]<0$，即核心企业与非核心企业知识共享的协同收益 $\beta_{e1}\gamma_{e1}K_{e1}$、核心企业不进行知识共享导致的声誉损失 $\beta_{e2}v_{e1}K_{e2}$ 与核心企业进行知识共享带来的形象提升 $\lambda_{e1}\beta_{e1}K_{e1}$ 之和大于核心企业知识共享所付出的成本 $(1-\beta_{e1})m_{e1}$ 与知识泄露风险 $\beta_{e1}r_{e1}K_{e1}$ 之和；$-[\beta_{e2}\gamma_{e2}K_{e2}+\beta_{e1}v_{e2}K_{e1}+\lambda_{e2}\beta_{e2}K_{e2}-\beta_{e2}r_{e2}K_{e2}-(1-\beta_{e2})m_{e2}]<0$，即非核心企业与核心企业知识共享的协同收益 $\beta_{e2}\gamma_{e2}K_{e2}$、非核心企业不进行知识共享导致的声誉损失 $\beta_{e1}v_{e2}K_{e1}$ 与非核心企业进行知识共享带来的形象提升 $\lambda_{e2}\beta_{e2}K_{e2}$ 之和大于非核心企业知识共享所付出的成本 $(1-\beta_{e2})m_{e2}$ 与知识泄露风险 $\beta_{e2}r_{e2}K_{e2}$ 之和。核心企业采取｛共享｝策略，非核心企业也会采取｛共享｝策略。在这样的条件下，核心企业与非核心企业都倾向于进行知识共享，因为知识共享不仅可以提升企业的形象与声誉，当企业双方同时采取｛共享｝策略时，还可能产生协同收益，这可以有效地提高供应链上知识传递的效率与效果，提升技术创新绩效。

情形2：在均衡点 $E_2(1, 0)$ 处，$-[\lambda_{e1}\beta_{e1}K_{e1}-\beta_{e1}r_{e1}K_{e1}-(1-\beta_{e1})m_{e1}]<0$，即核心企业进行知识共享带来的形象提升 $\lambda_{e1}\beta_{e1}K_{e1}$ 大于核心企业知识共享所付出的成本 $(1-\beta_{e1})m_{e1}$ 与知识泄露风险 $\beta_{e1}r_{e1}K_{e1}$ 之和；$\beta_{e2}\gamma_{e2}K_{e2}+\beta_{e1}v_{e2}K_{e1}+\lambda_{e2}\beta_{e2}K_{e2}-\beta_{e2}r_{e2}K_{e2}-(1-\beta_{e2})m_{e2}<0$，即非核心企业与核心企业知识共享的协同收益 $\beta_{e2}\gamma_{e2}K_{e2}$、非核心企业不进行知识共享导致的声誉损失 $\beta_{e1}v_{e2}K_{e1}$ 与非核心企业进行知识共享带来的形象提升 $\lambda_{e2}\beta_{e2}K_{e2}$ 之和小于非核心企业知识共享所付出的成本 $(1-\beta_{e2})m_{e2}$ 与知识泄露风险 $\beta_{e2}r_{e2}K_{e2}$ 之和。核心企业会采取｛共享｝策略，非核心企业会采取｛不共享｝策略。在这样的条件下，供应链上核心企业与非核心企业地位悬殊，核心企业占据知识共享的优势地位，通过知识共享，核心企业可树立良好的企业的形象与声誉，倾向于选择｛共享｝的策略；对于非核心企业而言，由于在供应链上话语权缺失，知识共享所带来的诸如形象提升等收益不

足以弥补其共享的成本及风险，因此非核心企业会选择｛不共享｝的策略。此时，供应链企业之间地位悬殊，非核心企业知识共享动力不足，从整体上来看，技术创新绩效提升的效果并未达到最佳。

情形3：在均衡点 $E_3(0, 1)$ 处，$\beta_{e1}\gamma_{e1}K_{e1}+\beta_{e2}v_{e1}K_{e2}+\lambda_{e1}\beta_{e1}K_{e1}-\beta_{e1}r_{e1}K_{e1}-(1-\beta_{e1})m_{e1}<0$，即核心企业与非核心企业知识共享的协同收益 $\beta_{e1}\gamma_{e1}K_{e1}$、核心企业不进行知识共享导致的声誉损失 $\beta_{e2}v_{e1}K_{e2}$、核心企业进行知识共享带来的形象提升 $\lambda_{e1}\beta_{e1}K_{e1}$ 之和小于核心企业知识共享所付出的成本 $(1-\beta_{e1})m_{e1}$ 与知识泄露风险 $\beta_{e1}r_{e1}K_{e1}$ 之和；$-[\lambda_{e2}\beta_{e2}K_{e2}-\beta_{e2}r_{e2}K_{e2}-(1-\beta_{e2})m_{e2}]<0$，非核心企业进行知识共享带来的形象提升 $\lambda_{e2}\beta_{e2}K_{e2}$ 大于非核心企业知识共享付出的成本 $(1-\beta_{e2})m_{e2}$ 与知识泄露风险 $\beta_{e2}r_{e2}K_{e2}$ 之和。核心企业采取｛不共享｝策略，非核心企业采取｛共享｝策略。在这样的条件下，由于核心企业与非核心企业掌握的技术以及信息存在很大差距，核心企业进行知识共享带来的知识泄露风险与其他成本大于其共享知识所获得的收益时，核心企业选择｛不共享｝的策略；非核心企业通过知识共享可以在供应链上获得一定的形象提升收益，相较于付出的共享成本而言更为有利，因此非核心企业选择｛共享｝的策略，这种渐进稳定的状态未能使供应链上的企业均实现收益最大化。

情形4：在均衡点 $E_4(0, 0)$ 处，$\lambda_{e1}\beta_{e1}K_{e1}-\beta_{e1}r_{e1}K_{e1}-(1-\beta_{e1})m_{e1}<0$，即核心企业进行知识共享带来的形象提升 $\lambda_{e1}\beta_{e1}K_{e1}$ 小于核心企业知识共享所付出的成本 $(1-\beta_{e1})m_{e1}$ 与知识泄露风险 $\beta_{e1}r_{e1}K_{e1}$ 之和；非核心企业进行知识共享带来的形象提升 $\lambda_{e2}\beta_{e2}K_{e2}$ 小于非核心企业知识共享所付出的成本 $(1-\beta_{e2})m_{e2}$ 与知识泄露风险 $\beta_{e2}r_{e2}K_{e2}$ 之和。核心企业采取｛不共享｝策略，非核心企业也会采取｛不共享｝策略。在这样的条件下，不管是核心企业还是非核心企业，进行知识共享均需要付出较高的成本，且面临的知识泄露的风险高，因此企业为了规避损失，倾向于做出｛不共享｝的策略选择，这将降低企业的技术创新绩效。

3.2.1.4　基于企业—企业演化博弈结果的分析

根据企业间知识共享的演化博弈均衡点的分析，本章发现企业的策略选择受到多个因素的影响。当外部战略共识程度 β_e、协同收益系数 γ_e、奖励系数 λ_e、惩罚系数 v_e、企业拥有的知识存量 K_e 增大，企业知识共享所需要花费的成本 m_e 及知识泄露风险系数 r_e 减小时，企业群体中采取｛共享｝策略的比例 e 提高。外部战略共识影响企业知识共享的策略选择，外部战略共识程度越高，企业越可能进行知识共享。拥有较高战略共识的企业不会对单次知识共享的收益有太多顾虑，而是更加看重双方合作的长远收益。此外，战略共识还能降低企业双方进行信息共享时的心理壁垒，提高知识共享的效率，使知识的供给方和需求方能够及时、有效地进行知识共享。企业双方同时进行知识共享产生的协同收益促使企业采取共享策略，当企业双方同时进行共享时，往往会获得知识融合带来的额外收益。企业受到的奖励与惩罚影响其策略选择，由于处于同一条供应链上，企业之间往往有着密切的合作关系。当某一企业不愿意进行知识共享时会遭到其他企业的抵制；相反，采取知识共享策略的企业则树立较好的企业形象。当然，企业进行知识共享需要花费一定的时间、人力和物力，还面临一定的知识泄露风险，这些是导致企业采取不共享策略的主要因素。

在上述影响因素中，提高外部战略共识、降低知识共享成本以及构建健全的奖惩机制是促使企业选择共享策略的关键。通过对部分因素施加影响促使企业采取知识共享的策略，从而使系统达到最佳的演化稳定状态 $E_1(1, 1)$。具体地，企业与供应链合作伙伴共同努力构建知识共享机制，提高合作黏性，创造供应链竞争优势。企业在选择合作伙伴前可以先对其进行信用评估，通过战略商谈等寻求以长期知识共享为目标的合作伙伴，进行信息共享和共同决策，以达到技术创新绩效持续提高的效果。同时，多样化的沟通方式和完善的沟通机制可以提高沟通频率、降低沟通成本。企业既要善于利用现代化的通信工具，如视频会议、远程办公等方式，降低企业间沟通的难度，也要定期见面沟通交流，增进了解和信任。同时，企业应加强知识管理，提高知识学习和吸收能力，降低知识共享的时间和物质成本，进而促进知识共享、提升技术创新绩效。

3.2.2 企业与监管机构间的演化博弈分析

3.2.2.1 问题描述与参数设定

在进行博弈分析前，本章做出以下假设：企业间的知识共享行为能够影响企业的创新绩效，该行为会对企业的形象产生影响；监管机构支持并鼓励企业知识共享行为。需要说明的是，这里的监管机构并不特指监管机构部门，也可以是成员企业认可的知识联盟、创新联盟等相对独立的第三方组织，以促进成员企业学习和创造知识为目标，旨在提高供应链整体竞争能力和创新水平。监管机构对企业知识共享是否激励有激励或不激励两种策略选择，企业对自有知识是否共享有共享与不共享两种策略选择，假设在企业与监管机构间的演化博弈问题分析的初始阶段，采取｛共享｝策略的企业比例为 e，相应地，采取｛不共享｝策略的企业比例为 1 - e；采取｛激励｝策略的监管机构比例为 u，采取｛不激励｝策略的监管机构比例为 1 - u。

相关参数设定如表 3 - 9 所示。

表 3 - 9　　企业—监管机构博弈模型的参数设定

参数	含义
P_e	企业在不共享前提下的基础收益
R_e	企业共享后获得的技术创新绩效提升
μ_e	企业进行知识共享获得的奖励系数，如在供应链中地位的提高、与其他企业合作的机会等，奖励的多少与技术创新绩效的提升相关
β_e	外部战略共识程度，即企业双方对事关彼此战略利益方面协同合作、相互信任的一致性认知程度

续表

参数	含义
c_e	企业进行知识共享需要花费的时间成本、物质成本以及面临的知识泄露风险
c_u	监管机构为激励企业进行知识共享需付出的成本
γ_u	企业技术创新绩效提高对监管机构的贡献程度，即当技术创新绩效提升1单位时监管机构的整体地位与声誉的提升比例
V_u	监管机构不激励时受到的惩罚，即成员企业会对监管机构责任的履行进行监督，当监管机构不激励时，企业通过谴责等方式促使监管机构发挥作用

以上的各项收益及成本均大于0，μ_e、β_e、γ_u 的取值在（0，1）之间。根据问题描述与参数设定，表3－10给出了企业与监管机构的博弈收益矩阵。

表3－10　企业与监管机构的博弈收益矩阵

企业	监管机构	
	激励	不激励
共享	$P_e+R_e+\mu_eR_e-(1-\beta_e)c_e$， $\gamma_uR_e-(1-\beta_e)c_u$	$P_e+R_e-(1-\beta_e)c_e$， $\gamma_uR_e-V_u$
不共享	P_e，$-(1-\beta_e)c_u$	P_e，$-V_u$

3.2.2.2 演化博弈过程分析

（1）企业的策略与期望收益。

由上述分析可得，企业采取｛共享｝策略的期望收益 U_{e1}、采取｛不共享｝策略的期望收益 U_{e2} 以及平均收益 $\overline{U_e}$ 分别为：

$$U_{e1}=u[P_e+R_e+\mu_eR_e-(1-\beta_e)c_e]+(1-u)[P_e+R_e-(1-\beta_e)c_e]$$
$$=P_e+R_e-(1-\beta_e)c_e+u\mu_eR_e \tag{3-25}$$

$$U_{e2}=uP_e+(1-u)P_e=P_e \tag{3-26}$$

$$\overline{U_e}=eU_{e1}+(1-e)U_{e2} \tag{3-27}$$

由上述收益函数，可得到演化博弈的复制动态方程：

$$E=\frac{de}{dt}=e(U_{e1}-\overline{U_e})=e(1-e)[R_e-(1-\beta_e)c_e+u\mu_eR_e] \tag{3-28}$$

根据微分方程的稳定性定理以及演化稳定策略的性质，当 $dE/de<0$ 时，企业到达演化稳定策略。

若 $R_e+u\mu_eR_e=(1-\beta_e)c_e$，则有 $E(e)\equiv0$，即所有 e 都处于稳定状态；若 $R_e+u\mu_eR_e\neq(1-\beta_e)c_e$，令 $E(e)=0$，则当 $e=0$、$e=1$ 时，e 为稳定状态。此时可能存在两种情况：$R_e+u\mu_eR_e<(1-\beta_e)c_e$，$dE/de|_{e=0}<0$，$dE/de|_{e=1}>0$，$e=0$ 为均衡点；$R_e+u\mu_eR_e>(1-\beta_e)c_e$，$dE/de|_{e=0}>0$，$dE/de|_{e=1}<0$，$e=1$ 为均衡点。

（2）监管机构的策略与期望收益。

由上述分析可得，监管机构采取｛激励｝策略的期望收益 U_{u1}、采取｛不激励｝策略的期望收益 U_{u2} 以及平均收益 $\overline{U_u}$ 分别为：

$$\begin{aligned}U_{u1}&=e[\gamma_uR_e-(1-\beta_e)c_u]+(1-e)[-(1-\beta_e)c_u]\\&=-(1-\beta_e)c_u+e\gamma_uR_e\end{aligned} \tag{3-29}$$

$$\begin{aligned}U_{u2}&=e[\gamma_uR_e-V_u)+(1-e)(-V_u)\\&=e\gamma_uR_e-V_u\end{aligned} \tag{3-30}$$

$$\overline{U_u}=uU_{u1}+(1-u)U_{u2} \tag{3-31}$$

根据监管机构的收益函数，可得到监管机构演化博弈的复制动态方程：

$$U=\frac{du}{dt}=u(U_{u1}-\overline{U_u})=u(1-u)[V_u-(1-\beta_e)c_u] \tag{3-32}$$

根据微分方程的稳定性定理以及演化稳定策略的性质，当 $dU/du<0$ 时，监管机构到达演化稳定策略。

若 $V_u=(1-\beta_e)c_u$，$U(u)\equiv0$，即对所有 u 都是稳定状态；若 $V_u\neq(1-\beta_e)c_u$，令 $U(u)=0$，则当 $u=0$、$u=1$ 时，u 为稳定状态。此时可能存在两种情况：当 $V_u<(1-\beta_e)c_u$，$dU/du|_{u=0}<0$，$dU/du|_{u=1}>0$，$u=0$ 为均衡点；当 $V_u>(1-\beta_e)c_u$，$dU/du|_{u=0}>0$，$dU/du|_{u=1}<0$，$u=1$ 为均衡点。

3.2.2.3　均衡点的稳定性分析

通过对复制动态方程进行雅克比矩阵J分析，讨论系统均衡点的稳定性。

$$J=\begin{bmatrix} J_1 & J_2 \\ J_3 & J_4 \end{bmatrix}=\begin{bmatrix} \partial E/\partial e & \partial E/\partial u \\ \partial U/\partial e & \partial U/\partial u \end{bmatrix}$$

$$=\begin{bmatrix} (1-2e)[R_e-(1-\beta_e)c_e+u\mu_e R_e] & 0 \\ 0 & (1-2u)[V_u-(1-\beta_e)c_u] \end{bmatrix} \tag{3-33}$$

由式（3－33）可知，系统的均衡点为$E_1(1,1)$，$E_2(1,0)$，$E_3(0,1)$，$E_4(0,0)$，$E_5(x^*,y^*)$。其中，(x^*,y^*)是式（3－34）的解。

$$\begin{cases} R_e-(1-\beta_e)c_e+u\mu_e R_e=0 \\ V_u-(1-\beta_e)c_u=0 \end{cases} \tag{3-34}$$

由于在演化博弈过程中，其复制动态系统的渐进稳定解严格符合纳什均衡，因此不需要考虑均衡点E_5。本章使用李雅普诺夫间接法，分析企业—监管机构演化博弈系统的均衡点的特征值及其渐进稳定性，具体见表3－11。

表3－11　企业—监管机构博弈模型的系统均衡点及其特征值

均衡点	特征值		稳定性
	λ_1	λ_2	
$E_1(1,1)$	$-[R_e-(1-\beta_e)c_e+\mu_e R_e]$	$-[V_u-(1-\beta_e)c_u]$	情形1
$E_2(1,0)$	$-[R_e-(1-\beta_e)c_e]$	$V_u-(1-\beta_e)c_u$	情形2
$E_3(0,1)$	$R_e-(1-\beta_e)c_e+\mu_e R_e$	$-[V_u-(1-\beta_e)c_u]$	情形3
$E_4(0,0)$	$R_e-(1-\beta_e)c_e$	$V_u-(1-\beta_e)c_u$	情形4

情形1：在均衡点$E_1(1,1)$处，$-[R_e-(1-\beta_e)c_e+\mu_e R_e]<0$，$-[V_u-(1-\beta_e)c_u]<0$，系统处于演化稳定状态。企业进行知识共

享后获得的技术创新绩效提升 R_e 与企业进行知识共享后获得的奖励 $\mu_e R_e$ 之和大于企业知识共享付出的成本及面临的知识泄露风险 $(1-\beta_e)c_e$；监管机构不激励时所受到的惩罚 V_u 大于其激励企业进行知识共享需付出的成本 $(1-\beta_e)c_u$。此时，企业做出｛共享｝的策略选择，监管机构做出｛激励｝的策略选择。在这样的条件下，企业进行知识共享获得的技术创新绩效提升收益以及地位形象树立的收益大于其知识共享所付出的成本，企业为了提高收益并获得良好的供应链合作关系，会选择进行知识共享；对于监管机构而言，成员对其未进行合理激励而采取的谴责等惩罚措施造成的损失大于为激励企业进行知识共享需付出的成本，为了提高凝聚力与产业地位，监管机构选择采取激励措施；双方都选择积极的策略有利于提高企业的技术创新绩效与整体收益。

情形 2：在均衡点 $E_2(1, 0)$ 处，$-[R_e-(1-\beta_e)c_e]<0, V_u-(1-\beta_e)c_u<0$，系统处于演化稳定状态。企业进行知识共享后获得的技术创新绩效的提升 R_e 大于企业共享付出的成本及面临的知识泄露风险 $(1-\beta_e)c_e$；监管机构不激励时所受到的惩罚 V_u 小于监管机构为激励企业进行知识共享需付出的成本 $(1-\beta_e)c_u$，企业做出｛共享｝的策略选择，监管机构做出｛不激励｝的策略选择。在这样的条件下，企业进行知识共享而获得的技术创新绩效提升的收益，在缺乏监管机构激励的情况下仍足以弥补共享成本，企业选择进行知识共享；对于监管机构而言，成员对其未进行合理激励而采取的谴责等惩罚措施造成的损失小于为激励企业进行知识共享需付出的成本，监管机构缺乏采取激励措施的动力。如果企业的知识共享行为长期得不到应有的奖励，知识共享及技术创新绩效提高难以持久维系。

情形 3：在均衡点 $E_3(0, 1)$ 处，$R_e-(1-\beta_e)c_e+\mu_e R_e<0$，$-[V_u-(1-\beta_e)c_u]<0$，系统处于演化稳定状态。企业进行知识共享后获得的技术创新绩效提升 R_e 与企业进行知识共享后获得的奖励 $\mu_e R_e$ 之和小于企业共享付出的成本及面临的知识泄露风险 $(1-\beta_e)c_e$；

监管机构不激励时所受到的惩罚 V_u 大于监管机构进行激励需付出的成本 $(1-\beta_e)c_u$。此时，企业做出｛不共享｝的策略选择，监管机构做出｛激励｝的策略选择。在这样的条件下，企业进行知识共享获得的技术创新绩效提升以及企业地位形象树立的收益小于其知识共享所付出的成本，企业为了降低成本、减少损失，不会采取知识共享的策略；对于监管机构而言，成员对其未进行合理激励而采取的谴责等惩罚措施造成的损失大于为激励企业进行知识共享需付出的成本，为了提高监管机构的凝聚力与产业地位，监管机构选择采取激励措施。尽管监管机构积极地进行激励，但是企业并不进行知识共享，技术创新绩效无法得到有效提高。

情形4：在均衡点 $E_4(0,0)$ 处，$R_e-(1-\beta_e)c_e<0$，$V_u-(1-\beta_e)c_u<0$，系统处于演化稳定状态。企业进行知识共享后获得的技术创新绩效提升 R_e 小于企业共享付出的成本及面临的知识泄露风险 $(1-\beta_e)c_e$；监管机构不激励时所受到的惩罚 V_u 小于监管机构激励企业进行知识共享需付出的成本 $(1-\beta_e)c_u$，企业做出｛不共享｝的策略选择，监管机构做出｛不激励｝的策略选择。在这样的条件下，企业进行知识共享所获得的技术创新绩效提升收益小于其知识共享所付出的成本及面临的风险，企业为了降低成本、减少损失，不会采取知识共享的策略；对于监管机构而言，成员对其未进行合理激励而采取的谴责等惩罚措施造成的损失小于为激励企业进行知识共享需付出的成本，监管机构缺乏采取激励措施的动力。此时，企业不进行知识共享，监管机构也没有采取积极的激励措施，企业的技术创新绩效难以提高。

3.2.2.4 基于企业—监管机构演化博弈结果的分析

根据企业与监管机构的演化博弈均衡点的分析，本章发现企业与监管机构的策略选择受到多个因素的影响。

对于企业而言，其行为选择与知识共享带来的技术创新绩效提升、监管机构的奖励以及知识共享的成本有关。当企业知识共享带来的技术创新绩效提高 R_e、外部战略共识程度 β_e 与监管机构对企业知识共享的奖励系数 μ_e 增加，且企业共享需要花费的时间成本、物质成本及面临的知识泄露风险 c_e 降低时，企业群体中采取｛共享｝策略的比例 e 提高。外部战略共识程度影响企业知识共享的策略选择，共识程度越高，企业间进行信息沟通与知识共享的壁垒越低，企业知识共享所耗费的成本更少。监管机构对企业知识共享的激励程度也是影响企业是否进行知识共享的因素，合理的激励机制能够对企业产生长久的激励效应。监管机构可采取显性与隐性相结合的措施对企业进行激励，营造出良好的沟通共享的氛围并配套相应的政策优惠等。此外，企业进行知识共享需要花费一定的时间成本与物质成本，同时还面临一定的知识泄露的风险，这是导致企业不进行知识共享的主要因素。

对于监管机构而言，其行为选择与激励企业进行知识共享需付出的成本以及不激励时受到的惩罚有关。当外部战略共识程度 β_e 提高、监管机构不激励时受到的惩罚 V_u 增加、激励需花费的成本 c_u 降低时，监管机构群体中采取｛激励｝策略的比例 u 提高。外部战略共识程度影响企业知识共享的策略选择，共识程度较高时，企业达成合作与共享知识的可能性越大，监管机构所需要付出的激励成本越低；监管机构不积极作为时，成员企业会对其进行谴责，整体收益越低，成员企业谴责越强烈，监管机构选择激励策略的可能性越大；此外，监管机构激励企业进行共享，需要耗费诸如契约订立成本、奖励资金等各类成本，这些是阻碍监管机构进行激励的重要因素。

上述的影响因素中，提高外部战略共识，降低企业的知识共享成本、监管机构的激励成本，建立健全激励与监督机制是促使企业与监管机构选择积极策略的关键。通过对部分因素施加影响能够促使企业与监管机构同时采取共享与激励的策略，从而使系统达到最佳的演化稳定状态 $E_1(1, 1)$。具体地，企业之间要加强沟通，提高战略共识。

企业间的文化背景、管理制度等方面的不同可能会导致双方的不理解，增加预期风险。但是，基于重大战略利益的共同愿景，企业双方积极沟通，可以解决差异造成的信息不对称问题，降低合作的不确定性。同时，企业积极做好外部组织协同，增进企业合作，降低知识共享成本，在外部协同的过程中既要注重业务合作也要关注资源整合。最后，监管机构要完善激励机制，并积极关注企业需求，洞察组织成员在策略选择时的合理诉求，做好协调保障工作，培育信任氛围，促进企业间合作。此外，还可以通过共同的愿景导向来加强激励措施的效果。

3.3　内外部战略共识的影响分析

在不确定性日益增加的经济环境中，技术创新绩效的提升可能无法单纯依靠单个员工、部门或企业来实现，而是更多地通过要素耦合实现知识的积累和创造，进而促进企业创新，达到技术创新绩效提升的整体效应。创新的形成除了依靠组织内部知识的积累外，还需要通过知识流动等方式引入外部知识资源，从而实现组织内部知识与外部知识的良好聚合（苏屹等，2019）。当企业内部形成战略共识、在外部与供应链合作伙伴达成战略共识时，内外部创新力量能够更好地进行知识共享、共同实施创新，实现协同联动。一方面，在内部战略共识的作用下，个体知识通过知识共享实现在组织层面的高效利用，这有利于丰富企业知识，进而推动有效的外部知识共享；另一方面，在外部战略共识的作用下，企业与供应链合作伙伴更好地进行外部知识共享，协同开展创新活动，这有利于更多的知识流入企业内部。在内部知识共享的作用下，外部知识在企业内顺畅流动，这进一步促进内部知识共享和外部知识共享的良性互动，由此提高企业创新能力和技术创新绩效。因此，本章借鉴庞庆华等（2019）进行的多元主体演化博弈分析，构建员工—企业—监管机构三方演化博弈模型，进行内外部战略共识影响知识共享与企业技术创新绩效的机理分析。

3.3.1 问题描述与参数设定

企业是内外部知识共享的桥梁，一方面要做好对内协调，促进内部知识共享的有效开展；另一方面做好对外协调，与供应链合作伙伴共享知识，企业对于是否进行协调，有协调与不协调两种策略选择，具体由企业高管进行策略选择和实施；员工对于是否共享知识，仍然有共享与不共享两种策略选择；监管机构对企业知识共享是否激励，仍然有激励或不激励两种策略选择。在问题分析的初始阶段，假设员工群体中有 w 比例的员工采取｛共享｝策略，相应地，有 1 - w 比例的员工采取｛不共享｝策略；企业群体中有 h 比例的企业采取｛协调｝策略，则有 1 - h 比例的企业采取｛不协调｝策略；监管机构群体中有 u 比例的监管机构采取｛激励｝策略，则有 1 - u 比例的监管机构采取｛不激励｝策略。明显地，$0<w<1$，$0<h<1$，$0<u<1$。

相关参数设定如表 3 - 12 所示。

表 3 - 12　员工—企业—监管机构三方演化博弈模型的参数设定

参数	含义
P_w	员工群体在不共享前提下的基础收益
β_w	内部战略共识程度
μ_{w1}	企业在选择｛协调｝的策略时对员工的奖励程度，即当员工知识共享促使技术创新绩效提升 1 单位时对员工的奖励比率
μ_{w2}	监管机构在选择｛激励｝的策略时对员工的奖励程度，即当员工知识共享促使技术创新绩效提升 1 单位时对员工的奖励比率
γ_w	企业技术创新绩效提高带来的员工收益系数，即当技术创新绩效提升 1 单位时员工提升的收益
R_{w1}	员工知识共享所获得的隐性收益，如创新能力的提升、知识储备的增加等
R_{w2}	员工共享知识后技术创新绩效的提高

续表

参数	含义
c_w	员工知识共享所需要花费的成本以及知识泄露的风险
P_h	企业在不共享、不沟通前提下的基础收益
R_h	企业进行协调后获得的技术创新绩效的提升
μ_h	在监管机构选择｛激励｝策略的情况下企业进行知识共享获得的奖励系数，奖励的多少与企业的技术创新绩效的提升相关
β_h	外部战略共识程度
v_h	惩罚系数，当企业采取｛不协调｝策略时所需要接受的惩罚，如合作机会的减少、声誉地位的下降
c_h	企业进行内外部协调需要花费的时间成本、物质成本以及面临的风险
m_u	监管机构为激励企业和员工而付出的成本
γ_u	企业技术创新绩效提高对监管机构的贡献程度，即当技术创新绩效提升 1 单位时监管机构的整体地位与声誉的提升比例
V_u	监管机构不激励时受到的惩罚，即成员企业会对监管机构责任的履行进行监督，当监管机构不激励时，企业通过谴责等方式促使监管机构发挥作用

以上的各项收益及成本均大于 0，β_w、μ_{w1}、μ_{w2}、γ_w、μ_h、β_h、v_h、γ_u 的取值在（0，1）之间。根据问题描述与参数设定，表 3－13 给出了员工—企业—监管机构演化博弈收益矩阵，括号内依次为员工、企业、监管机构的策略。

表 3－13　　员工—企业—监管机构的博弈收益矩阵

博弈策略组合	收益结果
①（共享，协调，激励）	$[P_w + R_{w1} + (\mu_{w1} + \mu_{w2})R_{w2} + \gamma_w(R_{w2} + R_h) - (1 - \beta_w)c_w$, $P_h + R_h + R_{w2} + \mu_h(R_{w2} + R_h) - \mu_{w1}R_{w2} - (1 - \beta_h)c_h$, $\gamma_u(R_{w2} + R_h) - (1 - \beta_e)m_u]$
②（共享，协调，不激励）	$[P_w + R_{w1} + \mu_{w1}R_{w2} + \gamma_w(R_{w2} + R_h) - (1 - \beta_w)c_w$, $P_h + R_h + R_{w2} - \mu_{w1}R_{w2} - (1 - \beta_h)c_h, \gamma_u(R_{w2} + R_h) - V_u]$
③（共享，不协调，激励）	$[P_w + R_{w1} + \mu_{w2}R_{w2} + \gamma_w R_{w2} - (1 - \beta_w)c_w$, $P_h + R_{w2} + \mu_h R_{w2} - v_h R_h, \gamma_u R_{w2} - (1 - \beta_h)m_u]$
④（共享，不协调，不激励）	$[P_w + R_{w1} + \gamma_w R_{w2} - (1 - \beta_w)c_w$, $P_h + R_{w2}, \gamma_u R_{w2} - V_u]$

续表

博弈策略组合	收益结果
⑤（不共享，协调，激励）	$[P_w+\gamma_w R_h, P_h+R_h+\mu_h R_h-(1-\beta_h)c_h, \gamma_u R_h-(1-\beta_h)m_u]$
⑥（不共享，协调，不激励）	$[P_w+\gamma_w R_h, P_h+R_h-(1-\beta_h)c_h, \gamma_u R_h-V_u]$
⑦（不共享，不协调，激励）	$[P_w, P_h-v_h R_h, -(1-\beta_h)m_u]$
⑧（不共享，不协调，不激励）	$(P_w, P_e, -V_u)$

3.3.2 演化博弈过程分析

（1）员工的策略与期望收益。

由上述分析可得，员工采取｛共享｝策略的期望收益 U_{w1}、采取｛不共享｝策略的期望收益 U_{w2} 以及平均收益 $\overline{U_w}$ 分别为：

$$\begin{aligned}U_{w1} &= hu[P_w+R_{w1}+(\mu_{w1}+\mu_{w2})R_{w2}+\gamma_w(R_{w2}+R_h)-(1-\beta_w)c_w]+\\&\quad h(1-u)[P_w+R_{w1}+\mu_{w2}R_{w2}+\gamma_w(R_{w2}+R_h)-(1-\beta_w)c_w]+\\&\quad (1-h)u[P_w+R_{w1}+\mu_{w2}R_{w2}+\gamma_w R_{w2}-(1-\beta_w)c_w]+\\&\quad (1-h)(1-u)[P_w+R_{w1}+\gamma_w R_{w2}-(1-\beta_w)c_w]\\&= P_w+R_{w1}+\gamma_w R_{w2}-(1-\beta_w)c_w+h(\mu_{w1}R_{w2}+\gamma_w R_h)+u\mu_{w2}R_{w2}\end{aligned} \tag{3-35}$$

$$\begin{aligned}U_{w2} &= hu(P_w+\gamma_w R)+h(1-u)(P_w+\gamma_w R_h)+(1-h)uP_w\\&\quad +(1-h)(1-u)P_w\\&= P_w+h\gamma_w R_h\end{aligned} \tag{3-36}$$

$$\overline{U_w} = wU_{w1}+(1-w)U_{w2} \tag{3-37}$$

根据上述收益函数，可得到员工演化博弈的复制动态方程：

$$\begin{aligned}W &= \frac{dw}{dt} = w(U_{w1}-\overline{U_w}) = w(1-w)[R_{w1}+\gamma_w R_{w2}-(1-\beta_w)c_w\\&\quad +h\mu_{w1}R_{w2}+u\mu_{w2}R_{w2}]\end{aligned} \tag{3-38}$$

根据微分方程的稳定性定理以及演化稳定策略的性质，当 $dW/dw<0$ 时，员工到达演化稳定策略。

若 $R_{w1}+\gamma_w R_{w2}+h\mu_{w1}R_{w2}+u\mu_{w2}R_{w2}=(1-\beta_w)c_w$，$W(w)\equiv 0$，即所有 w 都是稳定状态；若 $R_{w1}+\gamma_w R_{w2}+h\mu_{w1}R_{w2}+u\mu_{w2}R_{w2}\neq(1-\beta_w)c_w$，令 $W(w)=0$，则当 $w=0$、$w=1$ 时，w 为稳定状态。此时可能存在两种情况：$R_{w1}+\gamma_w R_{w2}+h\mu_{w1}R_{w2}+u\mu_{w2}R_{w2}<(1-\beta_w)c_w$，$dW/dw|_{w=0}<0$，$dW/dw|_{w=1}>0$，$w=0$ 为均衡点；$R_{w1}+\gamma_w R_{w2}+h\mu_{w1}R_{w2}+u\mu_{w2}R_{w2}>(1-\beta_w)c_w$，$dW/dw|_{w=0}>0$，$dW/dw|_{w=1}<0$，$w=1$ 为均衡点。

（2）企业的策略与期望收益。

由上述分析可得，企业采取｛协调｝策略的期望收益 U_{h1}、采取｛不协调｝策略的期望收益 U_{h2} 以及平均收益 $\overline{U_h}$ 分别为：

$$\begin{aligned}U_{h1}=&wu[P_h+R_h+R_{w2}+\mu_h(R_{w2}+R_h)-\mu_{w1}R_{w2}-(1-\beta_h)c_h]+\\&w(1-u)[P_h+R_h+R_{w2}-\mu_{w1}R_{w2}-(1-\beta_h)c_h]+\\&(1-w)u[P_h+R_h+\mu_h R_h-(1-\beta_h)c_h]+\\&(1-w)(1-u)[P_h+R_h-(1-\beta_h)c_h]\\=&P_h+R_h-(1-\beta_h)c_h+wR_{w2}-w\mu_{w1}R_{w2}+u\mu_h R_h+wu\mu_h R_{w2}\end{aligned} \tag{3-39}$$

$$\begin{aligned}U_{h2}=&wu(P_h+R_{w2}+\mu_h R_{w2}-v_h R_h)+w(1-u)(P_h+R_{w2})+\\&(1-w)u(P_h-v_h R_h)+(1-w)(1-u)P_h\\=&P_h+wR_{w2}-uv_h R_h+wu\mu_h R_{w2}\end{aligned} \tag{3-40}$$

$$\overline{U_h}=hU_{h1}+(1-h)U_{h2} \tag{3-41}$$

根据企业的收益函数，可得到企业演化博弈的复制动态方程：

$$H=\frac{dh}{dt}=h(U_{h1}-\overline{U_h})=h(1-h)[R_h-(1-\beta_h)c_h-w\mu_{w1}R_{w2}+u(v_h+\mu_h)R_h] \tag{3-42}$$

根据微分方程的稳定性定理以及演化稳定策略的性质，当 $dH/dh<0$ 时，企业到达演化稳定策略。

若 $R_h+u(v_h+\mu_h)R_h=(1-\beta_h)c_h+w\mu_{w1}R_{w2}$，$H(h)\equiv 0$，即对所

有 h 都是稳定状态；若 $R_h+u(v_h+\mu_h)R_h\neq(1-\beta_h)c_h+w\mu_{w1}R_{w2}$，令 $H(h)=0$，则当 $h=0$、$h=1$ 时，h 为稳定状态。此时可能存在两种情况：$R_h+u(v_h+\mu_h)R_h<(1-\beta_h)c_h+w\mu_{w1}R_{w2}$，$dH/dh|_{h=0}<0$，$dH/dh|_{h=1}>0$，$h=0$ 为均衡点；$R_h+u(v_h+\mu_h)R_h>(1-\beta_h)c_h+w\mu_{w1}R_{w2}$，$dH/dh|_{h=0}>0$，$dH/dh|_{h=1}<0$，$h=1$ 为均衡点。

（3）监管机构的策略与期望收益。

由上述分析可得，监管机构采取｛激励｝策略的期望收益 U_{u1}、采取｛不激励｝策略的期望收益 U_{u2} 以及平均收益 $\overline{U_u}$ 分别为：

$$\begin{aligned}U_{u1}&=wh[\gamma_u(R_{w2}+R_h)-(1-\beta_h)m_u]+w(1-h)[\gamma_uR_{w2}-\\&\quad(1-\beta_h)m_u]+(1-w)h[\gamma_uR_h-(1-\beta_h)m_u]+\\&\quad(1-w)(1-h)[-(1-\beta_h)m_u]\\&=-(1-\beta_h)c_u+w\gamma_uR_{w2}+h\gamma_uR_h\end{aligned}\tag{3-43}$$

$$\begin{aligned}U_{u2}&=wh[\gamma_u(R_{w2}+R_h)-V_u]+w(1-h)(\gamma_uR_{w2}-V_u)+\\&\quad(1-w)h[\gamma_uR_h-V_u)+(1-w)(1-e)(-V_u)\\&=-V_u+w\gamma_uR_{w2}+h\gamma_uR_h\end{aligned}\tag{3-44}$$

$$\overline{U_u}=uU_{u1}+(1-u)U_{u2}\tag{3-45}$$

根据监管机构的收益函数，可得到监管机构演化博弈的复制动态方程：

$$U=\frac{du}{dt}=u(U_{u1}-\overline{U_u})=u(1-u)[V_u-(1-\beta_h)c_u]\tag{3-46}$$

根据微分方程的稳定性定理以及演化稳定策略的性质，当 $dU/du<0$ 时，监管机构到达演化稳定策略。

若 $V_u=(1-\beta_h)c_u$，$U(u)\equiv0$，即所有 u 都是稳定状态；若 $V_u\neq(1-\beta_h)c_u$，令 $U(u)=0$，得当 $u=0$、$u=1$ 时，u 为稳定状态。此时可能存在两种情况：$V_u<(1-\beta_h)c_u$，$dU/du|_{u=0}<0$，$dU/du|_{u=1}>0$，$u=0$ 为均衡点；$V_u>(1-\beta_h)c_u$，$dU/du|_{u=0}>0$，$dU/du|_{u=1}<0$，$u=1$ 为均衡点。

3.3.3 均衡点的稳定性分析

通过对复制动态方程的雅克比矩阵 J 分析，得出系统均衡点的稳定性。

$$
J=\begin{bmatrix} J_1 & J_2 & J_3 \\ J_4 & J_5 & J_6 \\ J_7 & J_8 & J_9 \end{bmatrix}=\begin{bmatrix} \partial W/\partial w & \partial W/\partial h & \partial W/\partial u \\ \partial H/\partial w & \partial H/\partial h & \partial H/\partial u \\ \partial U/\partial w & \partial U/\partial h & \partial U/\partial u \end{bmatrix}
$$

$$
=\begin{bmatrix} (1-2w)[R_{w1}+\gamma_w R_{w2}-(1-\beta_w)c_w+h\mu_{w1}R_{w2}+u\mu_{w2}R_{w2}] & w(1-w)\mu_{w1}R_{w2} & w(1-w)\mu_{w2}R_{w2} \\ -h(1-h)(\mu_{w1}+1)R_{w2} & (1-2h)[R_h-(1-\beta_h)c_h-w\mu_{w1}R_{w2}+u(v_h+\mu_h)R_h] & h(1-h)(v_h+\mu_h)R_h \\ 0 & 0 & (1-2u)[V_u-(1-\beta_h)m_u] \end{bmatrix} \tag{3-47}
$$

由式（3－47）可知，系统的均衡点为 $E_1(1,\ 1,\ 1)$，$E_2(1,\ 1,\ 0)$，$E_3(1,\ 0,\ 1)$，$E_4(1,\ 0,\ 0)$，$E_5(0,\ 1,\ 1)$，$E_6(0,\ 1,\ 0)$，$E_7(0,\ 0,\ 1)$，$E_8(0,\ 0,\ 0)$ 和 $E_9(x^*,\ y^*,\ z^*)$。其中，$(x^*,\ y^*,\ z^*)$ 是式（3－48）的解。

$$
\begin{cases} R_{w1}+\gamma_w R_{w2}-(1-\beta_w)c_w+h\mu_{w1}R_{w2}+u\mu_{w2}R_{w2}=0 \\ R_h-(1-\beta_h)c_h-w\mu_{w1}R_{w2}+u(v_h+\mu_h)R_h=0 \\ V_u-(1-\beta_h)m_u=0 \end{cases} \tag{3-48}
$$

由于在演化博弈过程中，复制动态系统的渐进稳定解严格符合纳什均衡，因此不需要考虑均衡点 E_9。本章使用李雅普诺夫间接法，分析员工—企业—监管机构演化博弈系统的均衡点的特征值及其渐进稳定性，具体见表 3－14。

表 3-14　员工—企业—监管机构三方演化博弈模型的系统均衡点及其特征值

均衡点	特征值			稳定性
	λ_1	λ_2	λ_3	
$E_1(1, 1, 1)$	$-[R_{w1}+\gamma_w R_{w2}+\mu_{w1}R_{w2}+\mu_{w2}R_{w2}-(1-\beta_w)c_w]$	$-[R_h+(v_h+\mu_h)R_h-(1-\beta_h)c_h-\mu_{w1}R_{w2}]$	$-[V_u-(1-\beta_h)m_u]$	情形 1
$E_2(1, 1, 0)$	$-[R_{w1}+\gamma_w R_{w2}+\mu_{w1}R_{w2}-(1-\beta_w)c_w]$	$-[R_h-(1-\beta_h)c_h-\mu_{w1}R_{w2}]$	$V_u-(1-\beta_h)m_u$	情形 2
$E_3(1, 0, 1)$	$-[R_{w1}+\gamma_w R_{w2}+\mu_{w2}R_{w2}-(1-\beta_w)c_w]$	$R_h+(v_h+\mu_h)R_h-(1-\beta_h)c_h-\mu_{w1}R_{w2}$	$-[V_u-(1-\beta_h)m_u]$	情形 3
$E_4(1, 0, 0)$	$-[R_{w1}+\gamma_w R_{w2}-(1-\beta_w)c_w]$	$R_h-(1-\beta_h)c_h-\mu_{w1}R_{w2}$	$V_u-(1-\beta_h)m_u$	情形 4
$E_5(0, 1, 1)$	$R_{w1}+\gamma_w R_{w2}+\mu_{w1}R_{w2}+\mu_{w2}R_{w2}-(1-\beta_w)c_w$	$-[R_h+(v_h+\mu_h)R_h-(1-\beta_h)c_h]$	$-[V_u-(1-\beta_h)m_u]$	情形 5
$E_6(0, 1, 0)$	$R_{w1}+\gamma_w R_{w2}+\mu_{w1}R_{w2}-(1-\beta_w)c_w$	$-[R_h-(1-\beta_h)c_h]$	$V_u-(1-\beta_h)m_u$	情形 6
$E_7(0, 0, 1)$	$R_{w1}+\gamma_w R_{w2}+\mu_{w2}R_{w2}-(1-\beta_w)c_w$	$R_h+(v_h+\mu_h)R_h-(1-\beta_h)c_h$	$-[V_u-(1-\beta_h)m_u]$	情形 7
$E_8(0, 0, 0)$	$R_{w1}+\gamma_w R_{w2}-(1-\beta_w)c_w$	$R_h-(1-\beta_h)c_h$	$V_u-(1-\beta_h)m_u$	情形 8

情形 1：在均衡点 $E_1(1, 1, 1)$ 处，$-[R_{w1}+\gamma_w R_{w2}+\mu_{w1}R_{w2}+\mu_{w2}R_{w2}-(1-\beta_w)c_w]<0$，即员工知识共享后所获得的隐性收益 R_{w1}、技术创新绩效提升带来员工收益的提升 $\gamma_w R_{w2}$、员工知识共享促使技术创新绩效提升时企业与监管机构对员工的奖励（$\mu_{w1}R_{w2}+\mu_{w2}R_{w2}$）之和大于员工知识共享时所需要花费的成本以及知识泄露的风险 $(1-\beta_w)c_w$；$-[R_h+(v_h+\mu_h)R_h-(1-\beta_h)c_h-\mu_{w1}R_{w2}]<0$，即企业进行内外部协调后获得的技术创新绩效的提升 R_h 与企业对外进行知识共享获得的地位提升、优惠政策等正向奖励及负向惩罚（$v_h+\mu_h$）R_h 之和大于企业进行内外协调时付出的成本及面临的风险 $(1-\beta_h)c_h$

与给予员工知识共享的奖励 $\mu_{w1}R_{w2}$ 之和；$-[V_u-(1-\beta_h)m_u]<0$，即监管机构不激励时所受到的惩罚 V_u 大于监管机构激励需付出的成本 $(1-\beta_h)m_u$；员工做出｛共享｝的策略选择，企业做出｛协调｝的策略选择，监管机构做出｛激励｝的策略选择。在这样的条件下，员工受到企业与监管机构的激励、知识共享带来的积极影响大于其知识共享的成本，员工选择知识共享的策略；企业进行内外协调所带来的技术创新绩效提升收益以及地位形象树立的收益大于其对外知识共享与对内激励员工所付出的成本，企业为了提高收益同时获得良好的供应链合作关系，选择进行内外协调；对于监管机构而言，成员对其未进行合理激励而采取的谴责等惩罚措施造成的损失大于其激励成本，为了提高联盟的凝聚力与产业地位，监管机构选择采取激励措施。这有利于提高员工的收益、企业的技术创新绩效与供应链的整体地位，形成共赢的良好局面。

情形2：在均衡点 $E_2(1, 1, 0)$ 处，$-[R_{w1}+\gamma_wR_{w2}+\mu_{w1}R_{w2}-(1-\beta_w)c_w]<0$，即员工知识共享后所获得的隐性收益 R_{w1}、技术创新绩效提升带来员工收益的提升 γ_wR_{w2}、员工知识共享促使技术创新绩效提升时企业对员工的奖励 $\mu_{w1}R_{w2}$ 之和大于员工知识共享时所需要花费的成本以及知识泄露的风险 $(1-\beta_w)c_w$；$-[R_h-(1-\beta_h)c_h-\mu_{w1}R_{w2}]<0$，即企业进行内外部协调后获得的技术创新绩效的提升 R_h 大于企业协调付出的成本及面临的风险 $(1-\beta_h)c_h$ 与给予员工知识共享的奖励 $\mu_{w1}R_{w2}$ 之和；$V_u-(1-\beta_h)m_u<0$，即监管机构不激励时所受到的惩罚 V_u 小于监管机构需付出的成本 $(1-\beta_h)m_u$；员工做出｛共享｝的策略选择，企业做出｛协调｝的策略选择，监管机构做出｛不激励｝的策略选择。在这样的条件下，员工受到企业的激励与知识共享带来的积极影响大于其知识共享的成本，员工会选择知识共享的策略；企业进行内外协调所带来的技术创新绩效提升收益大于其对外知识共享与对内激励员工所付出的成本，企业为了提高收益，会选择进行内外协调；对于监管机构而言，成员对其未进行合理激励而采

取的谴责等惩罚措施造成的损失小于其激励成本，监管机构就缺乏采取激励措施的动力。企业与员工的行为得不到应有的奖励，技术创新绩效提高难以持久维系。

情形3：在均衡点 $E_3(1,\ 0,\ 1)$ 处，$-[R_{w1}+\gamma_w R_{w2}+\mu_{w2}R_{w2}-(1-\beta_w)c_w]<0$，即员工知识共享后获得的隐性收益 R_{w1}、技术创新绩效提升时带来员工收益的提升 $\gamma_w R_{w2}$、知识共享促使技术创新绩效提升时监管机构对员工的奖励 $\mu_{w2}R_{w2}$ 之和大于员工知识共享所需要花费的成本以及知识泄露的风险（$1-\beta_w$）c_w；$R_h+(v_h+\mu_h)R_h-(1-\beta_h)c_h-\mu_{w1}R_{w2}<0$，即企业进行内外协调后获得的技术创新绩效的提升 R_h 与企业对外知识共享后获得的地位提升、优惠政策等正向奖励及负向惩罚（$v_h+\mu_h$）R_h 之和小于企业内外协调付出的成本及面临的风险（$1-\beta_h$）c_h 与给予员工知识共享的奖励 $\mu_{w1}R_{w2}$ 之和；$-[V_u-(1-\beta_h)m_u]<0$，即监管机构不激励时所受到的惩罚 V_u 大于监管机构需付出的成本（$1-\beta_h$）m_u；员工做出｛共享｝的策略选择，企业做出｛不协调｝的策略选择，监管机构做出｛激励｝的策略选择。在这样的条件下，员工受到监管机构的激励与知识共享带来的积极影响大于其知识共享的成本，员工选择知识共享的策略；企业进行内外协调所带来的技术创新绩效提升收益以及地位形象树立的收益小于其对外知识共享与对内激励员工所付出的成本，企业为了降低成本、减少损失，不会采取协调的策略；对于监管机构而言，成员对其未进行合理激励而采取的谴责等惩罚措施造成的损失大于其激励成本，为了提高监管机构的凝聚力与地位，监管机构选择采取激励措施。虽然员工采取了知识共享行为，监管机构也会进行激励，但是由于企业不愿意做出协调的策略选择，三方的利益都没有实现最大化。

情形4：在均衡点 $E_4(1,\ 0,\ 0)$ 处，$-[R_{w1}+\gamma_w R_{w2}-(1-\beta_w)c_w]<0$，即员工知识共享后获得的隐性收益 R_{w1}、技术创新绩效提升带来员工收益的提升 $\gamma_w R_{w2}$ 之和大于员工知识共享所需要花费的成本以及知识泄露的风险（$1-\beta_w$）c_w；$R_h-(1-\beta_h)c_h-\mu_{w1}R_{w2}<0$，

即企业进行内外协调后获得的技术创新绩效的提升 R_h 小于企业协调付出的成本及面临的风险 $(1-\beta_h)c_h$ 与给予员工知识共享的奖励 $\mu_{w1}R_{w2}$ 之和；$V_u-(1-\beta_h)m_u<0$，即监管机构不激励时所受到的惩罚 V_u 小于监管机构需付出的成本 $(1-\beta_h)m_u$；员工做出｛共享｝的策略选择，企业做出｛不协调｝的策略选择，监管机构做出｛不激励｝的策略选择。在这样的条件下，员工进行知识共享带来的积极影响大于其知识共享的成本，员工选择知识共享的策略；企业进行内外协调所带来的收益小于其对外知识共享与对内激励员工所付出的成本，企业为了降低成本、减少损失，不会采取协调的策略；对于监管机构而言，成员对其未进行合理激励而采取的谴责等惩罚措施造成的损失小于其激励成本，监管机构缺乏采取激励措施的动力。这就使得员工知识共享得不到应有的奖励，企业的技术创新绩效也无法提高，系统整体收益未实现最大化。

情形5：在均衡点 $E_5(0,1,1)$ 处，$R_{w1}+\gamma_wR_{w2}+\mu_{w1}R_{w2}+\mu_{w2}R_{w2}-(1-\beta_w)c_w<0$，即员工知识共享后所获得的隐性收益 R_{w1}、技术创新绩效提升时带来员工收益的提升 γ_wR_{w2}、员工知识共享促使技术创新绩效提升时企业与监管机构对员工的奖励 $(\mu_{w1}R_{w2}+\mu_{w2}R_{w2})$ 之和小于员工知识共享时所需要花费的成本以及知识泄露的风险 $(1-\beta_w)c_w$；$-[R_h+(v_h+\mu_h)R_h-(1-\beta_h)c_h]<0$，即企业进行内外协调后获得的技术创新绩效的提升 R_h 与企业进行对外知识共享后获得的地位提升、优惠政策等正向奖励及负向惩罚 $(v_h+\mu_h)R_h$ 之和大于企业共享付出的成本及面临的风险 $(1-\beta_h)c_h$；$-[V_u-(1-\beta_h)m_u]<0$，即监管机构不激励时所受到的惩罚 V_u 大于监管机构需付出的成本 $(1-\beta_h)m_u$；员工做出｛不共享｝的策略选择，企业做出｛协调｝的策略选择，监管机构做出｛激励｝的策略选择。在这样的条件下，员工受到企业与监管机构的激励与知识共享带来的积极影响小于其知识共享的成本，为了避免自身利益受损，员工倾向于选择不共享的策略；企业进行内外协调所带来的创新绩效提升收益

以及企业地位形象树立的收益大于其内外协调与所付出的成本，企业为了提高收益同时获得良好的供应链合作关系，做出协调的策略选择；对于监管机构而言，成员对其未进行合理激励而采取的谴责等惩罚措施造成的损失大于其激励成本，为了提高监管机构的凝聚力与地位，监管机构选择采取激励措施。尽管企业与监管机构做出积极的策略选择，但是员工不进行知识共享，系统的整体收益并未达到最高水平。

情形6：在均衡点 $E_6(0,\ 1,\ 0)$ 处，$R_{w1}+\gamma_w R_{w2}+\mu_{w1}R_{w2}-(1-\beta_w)c_w<0$，即员工知识共享后所获得的隐性收益 R_{w1}、技术创新绩效提升时带来员工收益的提升 $\gamma_w R_{w2}$、知识共享促使技术创新绩效提升时企业对员工的奖励 $\mu_{w1}R_{w2}$ 之和小于员工知识共享所需要花费的成本以及知识泄露的风险 $(1-\beta_w)c_w$；$-[R_h-(1-\beta_h)c_h]<0$，即企业进行内外协调后获得的技术创新绩效的提升 R_h 大于企业协调付出的成本及面临的风险 $(1-\beta_h)c_h$；$V_u-(1-\beta_h)m_u<0$，即监管机构不激励时所受到的惩罚 V_u 小于监管机构激励需付出的成本 $(1-\beta_h)m_u$；员工做出｛不共享｝的策略选择，企业做出｛协调｝的策略选择，监管机构做出｛不激励｝的策略选择。在这样的条件下，员工受到企业的激励与知识共享带来的积极影响小于其知识共享的成本，为了避免自身利益受损，员工倾向于选择不共享的策略；企业进行内外协调所带来的技术创新绩效提升收益大于其协调所付出的成本，企业为了提高收益，选择进行内外协调；对于监管机构而言，成员对其未进行合理激励而采取的谴责等惩罚措施造成的损失小于其激励成本，监管机构缺乏采取激励措施的动力。企业与员工的知识共享行为得不到应有的奖励，员工不进行知识共享，企业的技术创新绩效提高难以持久维系。

情形7：在均衡点 $E_7(0,\ 0,\ 1)$ 处，$R_{w1}+\gamma_w R_{w2}+\mu_{w2}R_{w2}-(1-\beta_w)c_w<0$，即员工知识共享后所获得的隐性收益 R_{w1}、技术创新绩效提升带来员工收益的提升 $\gamma_w R_{w2}$、知识共享促使技术创新绩效提升时

监管机构对员工的奖励 $\mu_{w2}R_{w2}$ 之和小于员工知识共享所需要花费的成本以及知识泄露的风险 $(1-\beta_w)c_w$；$R_h+(v_h+\mu_h)R_h-(1-\beta_h)c_h<0$，即企业进行内外协调后获得的技术创新绩效的提升 R_h 与企业进行对外知识共享后获得的地位提升、优惠政策等正向奖励及负向惩罚 $(v_h+\mu_h)R_h$ 之和小于企业协调付出的成本及面临的风险 $(1-\beta_h)c_h$；$-[V_u-(1-\beta_h)m_u]<0$，即监管机构不激励时所受到的惩罚 V_u 大于监管机构激励需付出的成本 $(1-\beta_h)m_u$；员工做出｛不共享｝的策略选择，企业做出｛不协调｝的策略选择，监管机构做出｛激励｝的策略选择。在这样的条件下，员工受到的激励与知识共享带来的积极影响小于其知识共享的成本，为了避免自身利益受损，员工倾向于选择不共享的策略；企业进行内外协调所带来的技术创新绩效提升收益以及地位形象树立的收益小于其协调所付出的成本，企业为了降低成本、减少损失，做出不协调的策略选择；对于监管机构而言，成员对其未进行合理激励而采取的谴责等惩罚措施造成的损失大于其激励成本，为了提高监管机构的凝聚力与产业地位，监管机构选择采取激励措施。虽然监管机构对企业与员工进行激励，但是由于员工和企业没有选择共享和协调的策略，三方的利益无法实现最大化。

情形8：在均衡点 $E_8(0, 0, 0)$ 处，$R_{w1}+\gamma_wR_{w2}-(1-\beta_w)c_w<0$，即员工知识共享后所获得的隐性收益 R_{w1}、技术创新绩效提升时带来员工收益的提升 γ_wR_{w2} 之和小于员工知识共享时所需要花费的成本以及知识泄露的风险 $(1-\beta_w)c_w$；$R_h-(1-\beta_h)c_h<0$，即企业进行内外协调后获得的技术创新绩效的提升 R_h 大于企业协调付出的成本及面临的风险 $(1-\beta_h)c_h$；$V_u-(1-\beta_h)m_u<0$，即监管机构不激励时所受到的惩罚 V_u 小于监管机构激励需付出的成本 $(1-\beta_h)m_u$；员工做出｛不共享｝的策略选择，企业做出｛不协调｝的策略选择，监管机构做出｛不激励｝的策略选择。在这样的条件下，员工进行知识共享带来的积极影响小于其知识共享的成本，为了避免自身利益受损，员工倾向于选择不共享的策略；企业进行内外协调所带来的技术

创新绩效提升收益小于其协调所付出的成本，企业为了降低成本、减少损失，做出不协调的策略选择；对于监管机构而言，成员对其未进行合理激励而采取的谴责等惩罚措施造成的损失小于其激励成本，监管机构缺乏采取激励措施的动力。这意味着三方主体均不选择积极的策略，企业的技术创新绩效难以提高。

3.3.4 基于员工—企业—监管机构三方演化博弈结果的分析

根据员工、企业与监管机构的演化博弈均衡点的分析，本章发现三者的策略选择受到多个因素的影响。

对于员工而言，其行为选择与共享所带来的显性奖励与隐性收益以及知识共享的成本有关。当知识共享获得的隐性收益 R_{w1}、内部战略共识程度 β_w、技术创新绩效提高带来的员工奖励系数 γ_w、共享知识后技术创新绩效的提高 R_{w2}、企业对员工的奖励程度 μ_{w1}、监管机构对员工的奖励程度 μ_{w2}增大，员工知识共享所需要花费的成本以及知识泄露的风险 c_w 减小时，采取｛共享｝策略的员工比例 w 提高。战略共识影响员工知识共享决策，内部战略共识程度越高，员工拥有更高的目标一致性以及对企业的归属感和认同感，就更倾向于进行知识共享。同时，当内部形成战略共识时，知识共享所花费的时间和精力成本也会有所降低。企业与监管机构对员工知识共享行为的奖励促使员工采取共享策略，当企业与监管机构对员工的激励系数高时，员工选择知识共享的可能更大。此外，员工进行知识共享所花费的时间和物质成本是制约员工选择知识共享策略的重要因素。

对于企业而言，其行为选择与内外协调带来的技术创新绩效提升、监管机构的奖惩以及共享和激励的成本有关。当企业协调后带来的技术创新绩效的提高 R_h、外部战略共识程度 β_h、监管机构对知识共享行为的奖励系数 μ_h 与惩罚系数 v_h 增加，企业协调时所需要花费的成本及面临的风险 c_h、对员工的奖励系数 μ_{w1}降低时，采取｛协调｝策略的企业比例 h 提高。外部战略共识影响企业对外知识共享的策略选择，外部战略共识程度越高，企业间进行信息沟通与知识共享的壁垒越低，企业知识共享成本越低；监管机构对于企业知识共享的激励也是影响企业策略选择的重要因素，合理的激励机制能够对企业产生长久的激励，营造出良好的沟通共享氛围。企业对内激励员工需要花费一定的时间成本与物质成本，对外知识共享还面临一定的知识泄露风险，这是导致企业采取不协调策略的主要因素。

对于监管机构而言，其行为选择与进行激励所付出的成本以及不激励时所受到的惩罚有关。外部战略共识程度 β_h 提高、监管机构不激励时所受到的惩罚 V_u 增加、监管机构激励需花费的成本 m_u 降低时，采取｛激励｝策略的监管机构比例 u 提高。外部战略共识程度影响监管机构的激励策略选择，外部战略共识程度较高时，企业开展合作与共享的可能性越大，监管机构所需要付出的激励成本越低；监管机构不积极作为时，成员企业会对监管机构的行为进行抵制，当成员企业抵制越强烈时，监管机构选择激励策略的可能性就越大；监管机构激励需要耗费诸如契约订立成本、奖励资金等各类成本，这是导致监管机构不采取激励策略的主要因素。

上述影响因素中，提高内部战略共识与外部战略共识，降低知识共享成本与监管机构的激励成本以及建立健全激励与监督机制是促使员工、企业与监管机构三方选择积极策略的主要途径。通过对部分因素施加影响能够促使三方利益主体同时做出积极的策略选择，从而使系统达到最佳的演化稳定状态 $E_1(1,\ 1,\ 1)$。由分析可知，内部战略共识的提高有利于降低员工知识共享壁垒，促进内部知识共享；外部战略共识降低企业间知识共享成本，减少企业间差异造成的信息不畅，监管机构的激励成本也随之下降；进一步地，内部知识共享和外部知识共享的有效开展带来良好的企业技术创新绩效。因此，为了实现 $E_1(1,\ 1,\ 1)$ 的最佳演化稳定状态，企业应保持良好的组织沟通和对外沟通，与员工沟通创新战略目标的内涵、实现方法等，使员工理解并认同企业战略，并且为实施战略发挥能动性；与供应链合作伙伴共同分析探讨经济环境，基于战略利益形成共同的愿景，增进外部战略共识。企业还应积极做好内外部组织协同，合理配置资源，畅通交流渠道，推动知识共享的顺利进行。企业在内部组织协同的过程中要注重资金流、物流、信息流的顺利流转，正确处理部门间的竞合关系，营造开放、合作的工作氛围，构建适合企业的交流渠道；在外部组织协同的过程中要注重业务合作与信息交流，促进彼此对企业内外部环境的共同认知，进而达成战略合作。此外，监管机构要完善激励机制，做好引导和支持工作，既要关注成员企业的物质需求，也要为他们提供行业动态、技术发展趋势等信息，还要培育信任氛围，采取披露违规企业名单等方式维护联盟声誉机制，促进企业间知识共享，推动整体创新水平的提升。

3.4 本章小结

在协同视角下，企业提高技术创新绩效的有效途径是突破组织边界的知识双向流动，其本质是实现企业内、外部知识的有效共享。通过构建员工—员工、员工—高管演化博弈模型，本章从内部视角推演战略共识如何影响企业内部成员的知识共享，进而影响企业技术创新绩效的机理；通过构建企业—企业、企业—监管机构演化博弈模型，本章从外部视角推演战略共识如何影响企业与供应链合作伙伴之间的知识共享，进而影响企业技术创新绩效的机理；通过构建员工—企业—监管机构三方演化博弈模型，本章对内外部战略共识如何影响内外部知识共享，进而影响企业技术创新绩效的机理进行了系统分析。

通过演化博弈分析，本章发现，提高内部战略共识、构建外部战略共识是促进内外部知识共享的重要因素；内部知识共享、外部知识共享等积极策略的采取，是企业取得良好技术创新绩效的重要保证；

战略共识通过促进知识共享提高技术创新绩效。企业需要通过内部知识共享实现员工个体知识在组织层面的有效利用，还需要通过外部知识共享以弥补其内部知识在企业创新过程中的不足。在这个过程中，内部战略共识、高管沟通努力、外部战略共识、监管机构的有效激励等将在很大程度上影响组织内部、外部的知识共享，进而对企业技术创新绩效产生影响。从企业内部的演化博弈分析可见，内部战略共识、知识共享的成本收益比较等对其知识共享决策有重要影响，高管的主动沟通对员工知识共享决策有促进作用；企业外部演化博弈分析显示，外部战略共识、企业知识共享的成本收益比较等对企业外部知识共享决策有重要影响，监管机构的有效激励对企业进行知识共享有促进作用；员工—企业—监管机构的三方演化博弈分析显示，企业积极做好内外部协调，一方面促进内部知识共享；另一方面促进外部知识共享，进而对企业技术创新绩效产生积极影响。

因此，本章围绕内外部协同开展创新构建企业技术创新绩效分析框架，分析战略共识对知识共享行为以及技术创新绩效的影响。在接下来的研究中，本章将在文献回顾和演化博弈分析的基础上，从内部、外部和内外部协同视角，分别检验内部战略共识对内部知识共享、技术创新绩效的影响，外部战略共识对外部知识共享、技术创新绩效的影响，并采用QCA技术检验内外部因素联动效应对技术创新绩效的影响。基于此，讨论内外部战略共识、知识共享等影响因素与企业技术创新绩效表现之间的相互关系。

第4章　内部战略共识影响技术创新绩效的实证分析

4.1 问题提出

竞争背景下，创新成为企业生存与发展的必须选择（张军等，2014）。与此同时，为了在竞争日益激烈的商业环境中获得成功，组织越来越依赖人力资源的能力和承诺（Boswell，2006）。在企业成长理论的基础上，Penrose（1959）指出企业是人力资本和人际关系的集合。学者们对人力资源在促进企业战略目标实现方面的作用进行了大量研究，他们讨论了战略共识的重要性，强调企业要更多地关注人力资源（如员工）在企业取得战略成功中的重要作用（Mahto and Davis，2012）。当员工理解并认同战略目标时，才会更好地为实现目标而付出努力（任润等，2011）。战略共识的缺乏会导致资源浪费、组织内耗，企业目标也无从实现（Kellermanns et al.，2005）。在一个组织中，员工对战略的共同理解能够改善组织内部的协调和合作，进而促进员工的主动参与和资源分配的协同效应，研究人员主张在整个组织内达成战略共识，以促进组织战略的成功实施。只有员工理解并认同组织战略和实施方法，他们才能在日常任务中贯彻实施（Joanna et al.，2014）。当内部形成战略共识时，企业才能上下一致应对挑战，推动组织成员协同合作开展创新活动。通过演化博弈结果分析，本书发现内部战略共识越高，员工越倾向于进行知识共享，内部战略共识促进积极的社会交换，降低知识共享壁垒，此时也更可能出现个人收益增加和企业技术创新绩效提升的“双赢”局面。

高度不确定的经济环境带来了许多挑战，这些挑战往往难以通过个人努力独立完成，创新任务错综复杂，需要更高的知识要求。企业要鼓励组织成员相互协作采取行动，以充分发挥员工的潜力，而这种工作方式的前提就是各成员之间对需要完成的任务和实现的目标形成共识（Katia et al.，2015）。共同目标促进组织成员之间的良性互动，在企业内形成合作创新氛围，这有助于组织成员之间的知识共享，并且正向促进企业的创新绩效（Cheng and Krumwiede，2012）。社会认知理论和知识管理理论提供了一个解释企业通过提高员工战略共识进而提升技术创新绩效的作用路径。主体认知决定其在面对环境刺激时做出的行为反应（Bandura，1986），由此对结果产生影响。内部战略共识促进内部知识共享，进而提高企业技术创新绩效。当企业内部形成战略共识时，员工的内部人身份感得到确立和强化，知识的私有意识弱化，知识共享行为更可能发生；而知识共享有助于员工对独特任务性知识的深加工，形成信息多样性的优势，促进创新绩效的提升（闫佳祺和罗瑾琏，2018）。在内部组织协同良好的企业，组织成员间进行知识贡献和知识收集的交互活动更频繁，知识共享的渠道更加通畅，员工更容易获得创新所必需的知识资源。随着知识的不断传播和扩散，个体知识转化为组织知识并发挥更大的作用，内部组织协同为战略共识激励内部知识共享、提高技术创新绩效提供条件。本章将进一步从企业内部视角，通过实证分析检验内部战略共识、知识共享以及内部组织协同对企业技术创新绩效的影响。

4.2　研究假设

4.2.1　内部战略共识与技术创新绩效

内部战略共识是员工对组织目标以及实现目标的方法的一致性认知程度，使员工了解企业战略并帮助他们达成战略共识对提升企业绩效非常重要（陈春花，2016）。如果员工了解企业的战略以及他们在实现战略目标中的作用，他们在工作中会更加努力和主动，进而有利于财务和非财务目标的实现（Simons，2000）。在战略实施方面达成共识是员工和组织之间形成良好关系的一种重要形式（Joanna et al.，

2014)，员工与组织之间的良好关系使员工获得更高的工作满意度，并对提高企业绩效做出更多承诺和努力。内部战略共识促进员工对企业战略的深入理解和认可，使员工对企业的战略决策和竞争优势有更深刻的认识。当员工能够深刻理解并广泛认可企业战略时，组织内部对企业战略的认知更加一致，对企业的既定战略、创新策略等的共同理解程度更高，这有利于提高企业的技术创新绩效。本章认为，内部战略共识主要从以下两个方面推动技术创新绩效的提升。

一方面，内部战略共识减少员工感知到的任务不确定性和相关压力（Joanna et al.，2014)，激发他们对长期目标的承诺，以及对长远利益的关注。尽管创新充满不确定性，一时的失败也在所难免，但创新是知识经济时代企业生存和发展的必然选择。内部战略共识使员工对创新的重要性和紧迫性有更为深入的认识，这有利于他们开放心智质疑原有假设，主动接受新事物，学习新知识（杨建君和徐国军，2016)，进而推动创新的有效开展。在充满不确定性的环境中，企业需要充分发挥员工的创造性，寻求问题解决方案，以应对动态变化的市场、满足日益多元的需求。当员工能够理解并接受企业必须不断创新的事实，形成协同开展创新的战略共识时，他们更具有主观能动性，会在工作中主动地投入更多的努力，解决战略实施过程中遇到的各种问题，技术创新绩效得到提高。

另一方面，内部战略共识影响战略执行的效果，员工对企业目标、战略实施等的认知和共同理解，对创新战略的有效实施起关键作用（黄再胜，2010)。内部战略共识帮助企业跨越战略制定到战略执行的鸿沟，促进员工对战略的正确执行，但是如果员工对企业战略不了解、不认同甚至存在误解，在战略执行过程中就会存在偏差，导致战略执行缺口和较差的企业绩效。当员工能够理解和认同企业战略时，他们在创新实践过程中往往表现得比较主动，面对战略实施过程中的各种问题，他们往往充满变革性思维，面对困难和挑战时发挥主观能动性进行创新，这些都有利于企业创新战略的实施。同时，内部战略共识提高员工对企业战略目标及实现方法的理解与承诺程度，对形成战略行动合力具有推动作用，能够减少因战略共识缺乏而产生的内部摩擦，减少不同方向作用力导致的资源浪费和组织内耗，促进技术创新战略目标的实现。因此，本章提出如下假设：

假设H4－1：内部战略共识正向影响技术创新绩效。

4.2.2 内部战略共识与内部知识共享

内部知识共享是企业为促进知识、信息和经验的吸收和应用而进行的互动活动，包括员工与本部门和其他部门成员的知识共享和信息交流（Yu et al.，2019）。认知理论从心理学角度解释人如何将接受的外界信息加工转换为心理认知，进而支配行为（李云梅和徐惠，2018）。内部战略共识是员工对战略议题的共享式理解，能够加强组织成员之间的沟通和交流，对知识共享行为产生积极影响，主要体现在以下三个方面：首先，当员工理解并认同企业战略时，他们对企业未来发展具有一致目标和共同愿望，由此形成积极的共同心理认知，产生自主性动机（因为感到有意义或令人愉悦而做某事），知识共享的可能性也更大（Terhorst et al.，2018）。与完成企业要求、避免受到惩罚等外部压力不同，员工更可能自愿主动地与其他成员相互交流，贡献和接收彼此的知识。其次，内部战略共识有利于改善组织成员之间的沟通，防止产生误解（Strese et al.，2018），也更有可能促进组织成员视彼此为合作伙伴而分享和交换知识和资源。在这种有效沟通的过程中，内部知识自由流动和转移，外部知识也可以在企业内部顺利流动，进而使知识被充分地发掘和利用，增加企业知识积累。最后，当员工认同企业战略，并且充分认识到自己在战略目标实现中的作用时，他们更可能对自身行为进行调整，以更好地契合企业的战略需求。此时，他们的注意力更多地集中于寻求问题解决方案，更可能主动向他人提供帮助，贡献自有知识。与此同时，他们会抛开不敢暴露自身不足的“爱面子”心理，向他人索取知识（金辉等，2019）。因此，本章提出如下假设：

假设 H4－2：内部战略共识正向影响内部知识共享。

4.2.3 内部知识共享与技术创新绩效

在组织内部，知识共享主要是知识在不同主体之间的双向流动，是员工将知识分享给同事，并且向同事学习的互动过程。通过知识共享，员工向组织内其他成员提供或传播知识，并且向同事学习，进行知识收集。在员工向他人贡献知识和对他人知识进行收集的互动过程中，知识实现在组织内的自由流动。突破知识壁垒的知识共享行为有利于推动知识所有者、接收者双方甚至组织层面实现知识价值最大化（Hooff and Ridder，2004）。知识共享对促进个人和企业创新、实现技术创新绩效有重要作用，原因主要包括以下三个方面：第一，在技术经济不断发展、外部环境不确定性日益增强的背景下，员工无法掌握创新需要的所有知识。知识收集是项目顺利完成的一个关键步骤（Lin，2007），当新知识以不同的方式被整合到当前知识中时，知识的优势得到充分发挥。特别是对于有大量创新项目的企业，知识共享使员工可以在原有知识的基础上产生更多新的想法进行产品设计、生产等方面的改进，进而提高技术创新绩效。第二，员工向组织内其他成员提供或传播知识，能够使其他成员以更快的速度、更低的成本获取多样化知识。这有利于推动个体私有化知识在组织层面的共享开发，促进员工创新行为，提高企业的技术创新绩效。个人知识一旦共享开发，可以在很大程度上推动企业的技术创新和技术革命（Zhu et al.，2016），给个人、团队和组织带来更大的创造力、更多的创新和更好的业绩。知识共享推动员工对知识整体概念的把握，这能够促进个体对问题的系统性思考，进而提高员工和组织创新的概率（王士红等，2013）。第三，不同于其他资源，知识资源不会在重复和大规模应用时出现边际报酬递减。知识共享有利于充分调动和发挥知识资源的作用，使知识的价值潜能由于广泛利用而被充分激发（喻登科和周子新，2020）。知识收集和知识贡献的共享互动，还可能带来知识的重组、转换以及新知识的产生，进而推动技术创新。因此，本章提出如下假设：

假设 H4 -3：内部知识共享正向影响技术创新绩效。

4.2.4 内部知识共享的中介作用

在个体价值崛起的时代，组织与员工建立信任的最佳途径是形成“共识”（陈春花和朱丽，2017）。内部战略共识程度的提高有利于培育组织成员的承诺，降低组织内不确定性，改善组织绩效（黄亮和张建琦，2009）。当员工理解并认同企业战略，对企业战略形成共识时，他们往往愿意用更开放的心态面对工作，员工之间、员工和企业之间的沟通更加顺畅，对彼此工作更加支持。此时，员工在工作中更加积极主动，甚至愿意付出比正式要求更多的努力，与组织成员分享信息、交流想法、互换意见。伴随着互联网不断普及和知识经济的不断发展，员工个性日益凸显，对员工尤其是管理层员工往往难以实施精准的制度化管理。信任能减少监管行为、降低监管成本，为组织创造持续创新氛围和创新绩效，以较低的成本、较高的效率维持企业管理秩序（李云梅和徐惠，2018）。战略共识有利于提高员工的合作意愿，减少自我保护的防御心理。同时，员工对企业创新目标的理解和认同使他们专注于创造企业价值，在这个过程中，更可能实现知识收集和知识贡献的良性互动。

进一步地，伴随着知识共享，企业在知识管理方面更有效率，因而能够形成独一无二的、难以被复制的竞争优势，保持较高水平的创新绩效（Lin，2007）。在知识收集和知识贡献的交互过程中，原有知识与新知识碰撞会带来新的思考（张振刚等，2016），员工可能产生新的想法、发掘新的商业机会，这能够提高创新水平和创新绩效。通过知识共享，员工与他人进行知识交换，弥补自有知识的不足，突破原有知识的局限，实现知识的多样化。而知识的多样化是个体和组织创新的重要基础，知识共享带来卓越的创新能力，许多学者强调知识共享的重要性（Wu and Lee，2017；袁朋伟等，2018）。当员工愿意与同事合作，为他人和企业贡献知识时，个体知识通过知识共享逐渐转化成群体和组织知识，在这个过程中企业的知识存量不断增加。随着知识积累水平的提高，企业可以进行更多的诸如研究开发新产品等创新活动，以最大化地实现知识商品化。战略共识提高知识共享的效率和效果，使知识共享取得更好的效果（Lyu et al.，2020），提升技术创新绩效。因此，本章提出如下假设：

假设 H4－4：内部知识共享在内部战略共识与技术创新绩效的关系中起中介作用。

4.2.5 内部组织协同的调节作用

内部组织协同是企业内部不同的组织单元或职能部门的协同（刘超等，2017），有助于协调和激发组织内的工作努力，使组织的不同组成部分保持一致。内部组织协同增进决策制定者和具体实施者之间的有效沟通，有助于在信息输出者和接收者之间形成共同的术语定义（Mahto and Davis，2012），为战略共识促进知识共享创设良好的情境。内部组织协同还有助于组织成员更好地理解共享的知识，最大限度地减少沟通过程中的信息失真，提高知识转化效率，为战略共识通过促进知识共享进而提高创新绩效创造有利条件。内部组织协同的调节作用主要体现在以下两个方面。

一方面，内部组织协同促进员工在战略共识的驱动下进行更多的知识共享。根据社会认知理论，认知对行为的作用受到环境因素的影响（宁德鹏，2017）。内部战略共识是员工对企业战略的共享式理解，对员工的知识共享行为有促进作用，这种促进作用在交互良好的情境中更加明显。内部组织协同推动跨职能协作，提高企业协调利用内部资源能力（宋华和陈思洁，2019），使产品设计、工程、制造和营销部门能够密切合作，以支持并行工程和设计制造。通过对各个组织单元或职能部门的协调，内部组织协同促进部门之间、员工之间建立良好的合作关系，在组织中创设积极的共享情境。在内部组织协同创设的积极交流环境中，知识在员工之间、部门之间的流动更加充分，企业内部的知识共享更加频繁和深入。得益于优良的内部协同，跨职能部门和制造单元的知识共享更容易实现（Narasimhan and Kim，2002），知识共享更可能成为一种对企业整体有益的行为，能够帮助他人解决问题或提高企业绩效。在这种良好的交互氛围中，内部战略共识对知识共享的推动作用得到强化，知识共享的行为受到更多的支持和鼓励，这将进一步推动知识分享和新知识产生。

另一方面，内部组织协同对内战略共识促进知识共享进而提高技术创新绩效具有重要意义。内部战略共识有利于推动企业内形成创新合力，促进员工之间、部门之间的合作，在客观情境和主观认知的交互作用下，战略共识推动知识共享，促进企业不断创新。创新是一个系统过程，不仅需要技术方面的活动，还需要内部创新网络中诸如组织、战略、文化、市场、制度等要素之间的协同（张方华和陶静媛，2016）。内部组织协同帮助企业全面认识自身资源和能力，减少跨部门工作可能产生的大量资源冗余和浪费（Pagell，2004），使企业的各项资源能更好地运用到企业创新中，以提高技术创新绩效。价值从知识到资产的转化需要一定的条件：信息的自由流动、从研发到应用实践的跨越、价值创造过程中的配套机制。内部组织协同不仅促进跨职能团队同时进行产品改进和工艺设计，以降低生产成本、提高产品质量，而且帮助企业更好地协调生产能力，提高生产灵活性和产品交付效率（Wong et al.，2011）。在内部组织协同程度高的企业，基于战略共识的知识共享行为得到更多支持，内部组织协同提高知识转化为价值的效率，推动产品从研究开发到市场化的进程，缩短产品开发周期、提高市场响应能力。因此，本章提出如下假设：

假设 H4－5：内部组织协同正向调节内部战略共识与知识共享之间的关系。

假设 H4－6：内部组织协同正向调节内部知识共享在战略共识与技术创新绩效间的中介作用。

本章的概念模型如图 4－1 所示。

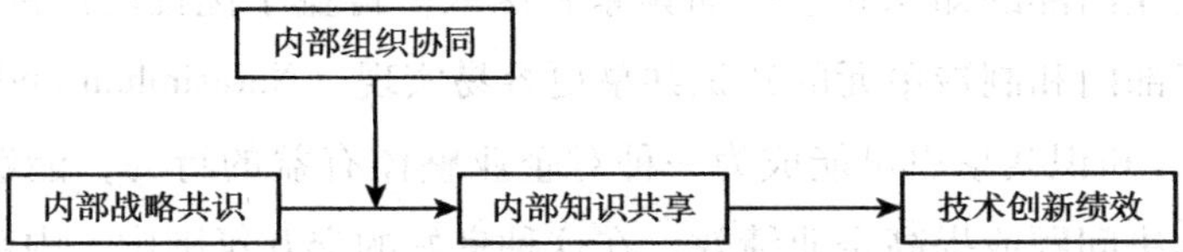

图 4－1　内部战略共识影响技术创新绩效的概念模型

4.3　数据收集与变量测量

4.3.1　初始量表设计

为确保测量工具的效度和信度，本章在内部战略共识、内部知识共享、内部组织协同以及技术创新绩效等概念的操作及测量方法上，主要借鉴国内外公开发表文献中已使用过的成熟量表，并根据本章的研究目的进行适当修改。对于外文量表部分，借鉴 Slotegraaf 和 Atuahene－Gima（2011）的研究思路，采用“翻译—回译”的程序确保问卷条目的准确性。本章还参照 Mikalef 和 Pateli（2017）的做法，通过个人访谈，对两家企业的高管和员工进行访谈，同时邀请三位学者审阅问卷，再根据建议进行问卷修改，形成初始测量量表。题项的测量采用主观感知方法，使用 Likert5 分量表法，1 表示完全不同意，2 表示不同意，3 表示一般，4 表示同意，5 表示完全同意，用变量测量指标的平均值对各变量进行赋值。

（1）内部战略共识。

内部战略共识主要是员工对企业战略的共享式理解，员工包括除企业家和高管之外的中层经理和基层主管。与 Kellermanns 等（2005）、González – Benito 等（2012）、黄再胜（2011）、杨付等（2014）等所指的战略共识的概念基本一致。本章借鉴黄再胜（2011）、杨建君和徐国军（2016）关于战略共识的测量，根据研究目的，共筛选出6个题项，通过被调研者对题项问题的回答，对内部战略共识进行测量。具体包括“在企业整体战略上，我基本能够与上司持一致意见”“我的利益与公司利益基本保持一致”“在多数日常决策事项上，我的意见与高管团队基本一致”等。

（2）内部知识共享。

对于内部知识共享，本章主要关注个体的知识共享行为。对个体而言，知识贡献和知识收集有着重要的区别（Hooff and Weenen，2004），因此本章使用 Hooff 和 Ridder（2004）的量表从知识贡献和知识收集两个维度测量内部知识共享。其中，知识贡献维度包括“当我学到了新知识后，我会使本部门的同事也能学习到它”“我让本部门的同事共享我所拥有的信息”“我让部门外的同事共享我的技能”等6个题项；知识收集维度包括“当我询问本部门同事时，他们会告诉我他们所知道的”“当我询问部门外的同事时，他们会告诉我他们所掌握的技能”等4个题项。该量表具有良好的信效度，在国内外相关研究中被广泛使用（Lin，2007；王艳子和罗瑾琏，2011；魏江茹，2019）。

（3）内部组织协同。

内部组织协同的测量借鉴 Wong 等（2011）的量表，主要考察企业内部各部门之间的协同程度，主要的题项包括“企业各部门对满足其他部门需求具有高度的响应能力”“企业在各个职能领域建立了一个综合系统”“在企业内，我们强调采购、库存管理、销售等部门之间的信息流”“在企业内，我们强调生产、销售和分销部门之间的物理流”等4个题项。该量表具有良好的信效度，并被相关研究借鉴使用（宋华和陈思洁，2019）。

（4）技术创新绩效。

技术创新绩效的测量按照同类研究的一般做法，借鉴 Zhang 和 Li（2010）、党兴华和常红锦（2013）、张方华和陶静媛（2016）等的量表，主要从专利和新产品等方面进行考察，许多学者采用这种结果类指标（Park et al.，2014；解学梅和刘丝雨，2015；岳皓等，2018）。具体地，本章使用申请的专利数量、开发的新产品数量、新产品开发的成功率、向市场投放新产品的速度和新产品销售额占比等5个题项（见表4－1）。

表4－1 内部视角研究的测量量表

变量	测项	量表参考来源
内部战略共识	我清楚企业的愿景和使命	黄再胜（2011）；杨建君和徐国军（2016）
	在企业整体战略上，我基本能够与高管团队持一致意见	
	我的利益与企业利益基本保持一致	
	在多数日常决策事项上，我的意见与高管团队基本一致	
	高管团队会就关键岗位的用人问题听取我的意见*	
	高管团队经常就重要问题与我沟通	
内部知识共享	当我学到了新知识后，我会使本部门的同事也能学习到它	Hooff 和 Ridder（2004）
	我让本部门的同事共享我所拥有的信息	
	我让本部门的同事共享我的技能	
	当我学习到新知识后，我会让部门外的同事也能学习到它	
	我让部门外的同事共享我所拥有的信息	
	我让部门外的同事共享我的技能	
	当我询问本部门同事时，他们会告诉我他们所知道的	
	当我询问本部门同事时，他们会告诉我他们所掌握的技能	
	当我询问部门外的同事时，他们会告诉我他们所知道的	
	当我询问部门外的同事时，他们会告诉我他们所掌握的技能	

续表

变量	测项	量表参考来源
内部组织协同	企业各部门对满足其他部门需求具有高度的响应能力	Wong 等（2011）
	企业在各个职能领域建立了一个综合系统	
	在企业内，我们强调采购、库存管理、销售等部门之间的信息流	
	在企业内，我们强调生产、销售和分销部门之间的物理流	
技术创新绩效	企业申请的专利数量明显增加	Zhang 和 Li（2010）；党兴华和常红锦（2013）；张方华和陶静媛（2016）
	企业开发的新产品数量明显增加	
	新产品开发的成功率明显提高	
	向市场投放新产品的速度明显加快	
	新产品销售占销售总额的比例明显提高	

注：带 * 的为删除题项。

（5）控制变量。

借鉴已有研究（钱锡红等，2010；龙勇和汪谷腾，2018），将可能影响技术创新绩效的企业规模、企业年龄、研发能力等作为控制变量。企业规模对创新绩效的影响在以往的研究中已得到验证（Hopp and Lukas，2014），对企业规模的衡量有总资产规模、员工数量、营业收入额等指标（Miller and Chen，2004；Jain et al.，2013；魏泽龙等，2017；于晓宇等，2018）。本章借鉴魏泽龙等（2017）、于晓宇等（2018）的做法，使用员工数量测量企业规模。具体地，本章将企业规模按照员工数量划分为 4 个等级，1 表示 100 人及以下，2 表示 101 ~ 300 人，3 表示 301 ~ 1000 人，4 表示 1000 人以上。企业年龄也可能对创新绩效产生影响，有研究认为创办时间越久，企业创新能力越强（Hoegl and Parboteeah，2007），创新产出越多（Sorensen and Start，2000）。具体地，本章通过计算企业创办年份与问卷调研年份之间的差来衡量企业年龄。研发能力对企业技术创新绩效有重要影响（丁勇，2011；陈蕊，2017），为了控制企业本身的差异对创新绩效的影响，本章将研发能力作为控制变量，具体地，本章借鉴李正卫等（2013）、戴勇和王诗卉（2017）的做法，使用研发人员数量衡量企业研发能力。考虑到数量型分布可能带来的偏差，本章对企业年龄、研发人员数量取自然对数。

4.3.2 预测试检验

在初始量表设计完成后，本章进行问卷预测试，对回收的57家企业的有效样本进行量表检验。按照吴明隆（2010）建议的方法，本章运用探索性因子分析检验测量工具的建构效度，再通过Cronbach'α系数进行信度检验。一般情况下，进行探索性因子分析的样本量需达到变量数的5~10倍（赵立龙，2012），因此，小样本预测试收集的57份有效问卷可以较好满足探索性因子分析的要求。本章采用SPSS 22.0进行初测样本的信度和效度检验，预测试检验结果如表4-2所示。

表4-2　初测量表的信度与效度检验

变量	题项	删除该题后的Cronbach'α	Cronbach'α	KMO	因子载荷
内部战略共识	ISC1	0.805	0.897	0.860	0.903
	ISC2	0.819			0.848
	ISC3	0.817			0.871
	ISC4	0.833			0.777
	ISC5*	0.897			—
	ISC6	0.831			0.816
内部知识共享				0.817	
知识贡献	KD1	0.911	0.917		0.770
	KD2	0.896			0.863
	KD3	0.906			0.811
	KD4	0.866			0.905
	KD5	0.907			0.801
	KD6	0.905			0.858

续表

变量	题项	删除该题后的 Cronbach'α	Cronbach'α	KMO	因子载荷
知识收集	KC1	0.888	0.909		0.854
	KC2	0.905			0.863
	KC3	0.858			0.929
	KC4	0.875			0.872
内部组织协同	IC1	0.827	0.850	0.775	0.797
	IC2	0.801			0.844
	IC3	0.807			0.838
	IC4	0.803			0.845
技术创新绩效	IP1	0.918	0.933	0.902	0.894
	IP2	0.914			0.900
	IP3	0.914			0.901
	IP4	0.928			0.866
	IP5	0.915			0.903

注：ISC 表示内部战略共识，KD 表示知识贡献，KC 表示知识收集，IC 表示内部组织协同，IP 表示技术创新绩效；带 * 的为删除题项；内部战略共识总的 Cronbach'α 系数为 0.858，删除题项 ISC5 的 Cronbach'α 系数比总 Cronbach'α 系数大，并且探索性因子分析显示，题项 ISC5 的因子载荷为 0.208，小于 0.5，因此，删除题项 ISC5，表格中报告删除 ISC5 后的内部战略共识总的 Cronbach'α 系数，以及删除 SC5 后再次进行探索性因子分析的内部战略共识的 KMO 值和其他 5 个题项的因子载荷。

通过预测试样本的信效度检验，内部战略共识量表删除“高管团队会就关键岗位的用人问题听取我的意见”1 项，其他 5 个题项被保留；其余量表的测量题项没有发生变化，由此形成最终的调查问卷。其中，内部知识共享提取出两个因子，因子 1 包含 KD1 到 KD6 六个题项，测量知识贡献行为；因子 2 包含 KC1 到 KC4 四个题项，测量知识收集行为。

4.3.3 正式问卷数据收集

在正式问卷调研阶段，本章主要选取江苏、浙江、上海等长三角地区的高新技术企业作为调查样本。长三角地区是我国经济最发达、创新最活跃的地区之一。相比于其他企业，高新技术企业有更强的创新动机，其发展更加离不开持续创新（孔宁宁等，2010；顾建平和张素雅，2016）。邀请同一企业的高管和员工分别填写问卷的不同部分，企业基本信息、内部组织协同和技术创新绩效量表由高管团队成员评价，内部战略共识和内部知识共享量表由员工评价。问卷的发放和回收依托研究团队的力量与被调查企业进行联系，力求取得企业的支持，主要采用了以下方式：一是在地方主管部门工作人员的协助下，采取电话联系、上门调研与邮寄问卷相结合的办法；二是使用“滚雪球”的方法，向这些企业的上下游企业发放问卷；三是通过企业项目培训现场进行问卷发放。共发放问卷600份，回收312份，剔除数据不完整和质量不高的问卷，最终得到有效问卷283份，有效问卷回收率47.17%。统计分析显示，三种方式收集的数据无显著差异，可以合并使用。

回收的有效问卷企业基本情况如表4－3所示。国有企业占18.4%，民营企业占65%；100人以下的企业占22.3%，101~300人的企业占62.2%，301~1000人的企业占11.3%，1000人以上的企业占4.2%；企业年龄在5年以上的占75.6%。在最终的有效样本中，受访的高管中男性占62.2%，女性占37.8%，年龄在30岁以下和30~39岁的分别占12.4%和62.2%，87.3%具有本科及以上学历；受访的员工中男性占58.7%，女性占41.3%，87.3%年龄在40岁以下，78.1%具有本科及以上学历。

表4－3　样本企业基本特征

特征	题项	样本量	百分比（%）	累积百分比（%）
企业性质	国有	52	18.4	18.4
	民营	184	65.0	83.4
	其他	47	16.6	100.0
企业规模	100人以下	63	22.3	22.3
	101~300人	176	62.2	84.5
	301~1000人	32	11.3	95.8
	1000人以上	12	4.2	100.0

续表

特征	题项	样本量	百分比（%）	累积百分比（%）
所属行业	化工纺织	24	8.5	8.5
	机械制造	112	39.6	48.1
	电子通信	114	40.3	88.3
	新能源和新材料	25	8.8	97.2
	其他	8	2.8	100.0
企业年龄	5年及以下	69	24.4	24.4
	6~10年	114	40.3	64.7
	11~15年	44	15.5	80.2
	15年以上	56	19.8	100.0
研发人员数量	10人及以下	80	28.3	28.3
	11~30人	144	50.9	79.2
	31~100人	56	19.8	98.9
	100人以上	3	1.1	100.0

4.3.4　研究样本的信度和效度检验

为了进一步确定量表的可靠性和准确性，本章使用SPSS 22.0和AMOS 22.0软件，对283份样本数据进行信度和效度检验，结果如表4-4所示。信度即量表的可靠性，反映量表测得被测对象的一致性或稳定性，本章采用Cronbach'α系数和组合信度CR评价量表的信度。如表4-4所示，内部战略共识、内部知识共享（知识贡献和知识收集）、内部组织协同、技术创新绩效的Cronbach'α系数均高于公认的最低临界水平0.7，所有分量表的CR值均高于0.7，说明量表内部一致性水平较高，具有良好的信度。效度即量表的准确性，反映量表能够测得被测对象的特征的程度，包括内容效度、聚合效度和区分效度。本章的初始量表借鉴国内外公开发表文献中已使用过的成熟量表，并邀请企业人员和专家学者进行审阅，再进行修改完善和预测试检验，以确保量表的内容效度。如表4-4所示，各题项的标准化因子载荷均大于门槛值0.5，能够有效反映被测对象的特征；所有变量的平均抽取变异量AVE值均大于0.5，各构念与其测量题项间路径系数的t值均大于门槛值2，说明量表具有良好的聚合效度；结合表4－4和表4－6，各变量SRAVE（平均抽取变异量的平方根）均大于该变量与其他变量之间相关系数的绝对值，表明量表具有良好的区分效度。

表4－4　内部视角研究样本的信度、效度检验

变量	题项	Cronbach'α	CR	AVE	因子载荷	t值
内部战略共识	ISC1	0.870	0.870	0.573	0.769	
	ISC2				0.754	12.318
	ISC3				0.771	12.756
	ISC4				0.743	12.108
	ISC6				0.746	12.508
内部知识共享						
知识贡献	KD1	0.925	0.922	0.662	0.834	
	KD2				0.793	15.581
	KD3				0.867	17.218
	KD4				0.829	16.272
	KD5				0.761	14.842
	KD6				0.794	15.733
知识收集	KC1	0.903	0.904	0.701	0.808	
	KC2				0.837	15.968
	KC3				0.876	16.358
	KC4				0.826	15.434
内部组织协同	IC1	0.929	0.930	0.769	0.886	
	IC2				0.845	19.343
	IC3				0.898	21.509
	IC4				0.878	20.663

续表

变量	题项	Cronbach'α	CR	AVE	因子载荷	t 值
技术创新绩效	IP1	0.902	0.902	0.649	0.818	
	IP2				0.794	15.013
	IP3				0.789	14.658
	IP4				0.799	15.030
	IP5				0.827	15.499

此外，本章运用 AMOS 22.0 软件进行验证性因子分析，通过对五因子模型和竞争模型的比较，进一步判定量表的区分效度，结果如表 4-5 所示。验证性因子分析结果显示，五因子模型的拟合程度（χ^2/df = 1.690，RMSEA = 0.049，CFI = 0.964，TLI = 0.959）优于单因子模型、二因子模型、三因子模型和四因子模型，说明各研究变量之间区分效度良好。

表 4-5　　验证性因子分析结果

模型	χ^2	df	χ^2/df	CFI	TLI	RMSEA
五因子模型：内部战略共识；知识贡献；知识收集；内部组织协同；技术创新绩效	409.068	242	1.690	0.964	0.959	0.049
四因子模型：内部战略共识；知识收集 + 技术创新绩效；知识贡献；内部组织协同	895.354	246	3.640	0.861	0.844	0.097
三因子模型：内部战略共识；知识贡献 + 知识收集 + 技术创新绩效；内部组织协同	1579.804	249	6.345	0.714	0.683	0.138
二因子模型：内部战略共识；知识贡献 + 知识收集 + 内部组织协同 + 技术创新绩效	2351.105	251	9.367	0.549	0.504	0.172
单因子模型：内部战略共识 + 知识贡献 + 知识收集 + 内部组织协同 + 技术创新绩效	2753.554	252	10.927	0.463	0.411	0.188

注：+表示两个因子合成一个因子；本章根据因素之间的相关系数大小，报告部分竞争模型的拟合指数。

4.3.5 共同方法偏差分析

本章通过主观报告法进行变量测量，可能存在共同方法偏差问题。根据 Podsakoff 等（2003）的建议，从程序和统计两个方面控制可能出现的共同方法偏差问题。首先，本章在问卷设计时，注意控制问卷的长度、题目的难易度、表述的清晰度等，使用多个题项对同一构念进行测量，明确告知受访者调研仅用于学术研究，不会用于其他用途，并且具有保密性。邀请高管与员工分别填写问卷，多源进行数据收集。其次，本章采用 Harman 单因子检验方法，将所有题项进行探索性因子分析，因子分析产生了 5 个因子（而非 1 个），其中第一个因子解释了 24.584%（小于 50%）的总方差，说明不存在严重的共同方法偏差。此外，考虑到 Harman 单因子检验方法固有的局限性，本章通过验证性因子分析进一步进行共同方法偏差分析（Slater et al.，2006）。表 4－5 显示，单因子模型的拟合优度（$\chi^2/df = 10.927$，$RMSEA = 0.188$，$CFI = 0.463$，$TLI = 0.411$）与测量模型的拟合优度相比较差，单因子不能解释所有的显变量，这进一步表明共同方法偏差问题并不严重，不会对后续的数据分析产生不利影响。

4.4 实证结果与分析

4.4.1 描述性统计和相关性分析

在假设检验之前，本章首先运用相关分析初步检验变量之间相互作用的可能性，结果如表 4－6 所示。相关分析显示，变量之间存在相关关系，有进一步深入研究的意义。

表 4－6　　各主要变量的描述性统计及 Pearson 相关系数矩阵

变量	均值	标准差	1	2	3	4	5	6	7	8
1. 企业规模	1.975	0.712								
2. 企业年龄[a]	2.123	0.679	0.102 +							
3. 研发人员[a]	2.964	0.820	0.118 *	0.082						
4. 内部战略共识	3.646	1.050	0.045	0.004	0.097	0.757				
5. 知识贡献	3.291	1.207	0.120 *	0.089	0.056	0.415 ***	0.814			
6. 知识收集	3.197	1.259	0.015	0.018	0.130 *	0.373 ***	0.389 ***	0.837		
7. 内部组织协同	3.508	1.161	-0.002	0.037	0.134 *	0.221 ***	0.245 ***	0.260 ***	0.877	
8. 技术创新绩效	3.134	1.070	0.088	0.083	0.214 ***	0.392 ***	0.458 ***	0.481 ***	0.436 ***	0.806

注：*** 表示 $p<0.001$，** 表示 $p<0.01$，* 表示 $p<0.05$，+ 表示 $p<0.1$；[a]表示取自然对数；相关系数在矩阵下三角中，对角线上加粗显示的是 AVE 值的平方根。

4.4.2　回归分析和假设检验

在相关分析的基础上，通过回归分析进一步检验变量间的关系。由于自变量个数较多，借鉴现有研究的常见做法（于晓宇等，2018；周江华等，2019；Tarakci et al.，2018），本章采用多元线性回归分析验证自变量与因变量的统计关系，包括主效应、中介效应和调节效应的检验。具体地，考虑到层次回归分析能够比较纳入交互项前后的模型（Roberts and Drover，2012），本章采用层次回归分析的方法、借助 SPSS 22.0 软件进行假设检验，结果如表 4－7 和表 4－8 所示。在回归分析之前，先使用方差膨胀因子（VIF）进行判断，结果都小于 5，表明不存在多重共线性的问题。进一步地，使用 bootstrap 方法检验中介效应和调节效应，结果如表 4－9 和表 4－10 所示。

表 4－7　　各变量之间的多层回归分析（1）

	知识贡献				知识收集			
	M1	M2	M3	M4	M5	M6	M7	M8
企业规模	0.108 +	0.093 +	0.098 +	0.103 +	-0.001	-0.013	-0.008	-0.003
企业年龄[a]	0.075	0.078	0.074	0.060	0.007	0.010	0.005	-0.009

续表

	知识贡献				知识收集			
	M1	M2	M3	M4	M5	M6	M7	M8
研发人员[a]	0.037	-0.001	-0.020	-0.041	0.129*	0.095+	0.075	0.053
内部战略共识		0.410***	0.376***	0.364***		0.364***	0.327***	0.313***
内部组织协同			0.162**	0.168**			0.178**	0.183**
共识×内部协同				0.169**				0.179**
R^2	0.022	0.188	0.213	0.241	0.017	0.148	0.178	0.209
调整后 R^2	0.011	0.177	0.199	0.224	0.006	0.136	0.163	0.192
F 值	2.066	16.136***	14.995***	14.580***	1.598	12.094***	11.975***	12.152***

注：*** 表示 $p<0.001$，** 表示 $p<0.01$，* 表示 $p<0.05$，+ 表示 $p<0.1$；[a]表示取自然对数。

表 4-8　各变量之间的多层回归分析（2）

	技术创新绩效						
	M9	M10	M11	M12	M13	M14	M15
企业规模	0.058	0.045	0.025	0.025	0.055	0.062	0.043
企业年龄[a]	0.060	0.063	0.034	0.040	0.053	0.033	0.024
研发人员[a]	0.202**	0.167**	0.147**	0.139**	0.127*	0.097+	0.092*
内部战略共识		0.373***		0.156**	0.299***	0.281***	0.138**
知识贡献			0.312***	0.262***			0.195***
知识收集			0.340***	0.302***			0.231***
内部组织协同					0.351***	0.360***	0.285***
共识×内部协同						0.245***	0.171***
R^2	0.053	0.191	0.342	0.361	0.307	0.365	0.452
调整后 R^2	0.043	0.180	0.330	0.347	0.294	0.352	0.436
F 值	5.239**	16.433***	28.835***	25.999***	24.541***	26.483***	28.280***

注：*** 表示 $p<0.001$，** 表示 $p<0.01$，* 表示 $p<0.05$，+ 表示 $p<0.1$；[a]表示取自然对数。

（1）内部战略共识对内部知识共享的影响。

分别以知识贡献和知识收集为自变量，首先对企业规模、企业年龄、研发人员 3 个控制变量进行回归；再引入自变量内部战略共识。表 4-7 中模型 2 显示，内部战略共识与知识贡献显著正相关（M2，

$\beta = 0.410$，$p < 0.001$）；表4-7中模型6显示，内部战略共识与知识收集显著正相关（M6，$\beta = 0.364$，$p < 0.001$），假设H4-2得到支持，内部战略共识对内部知识共享（知识贡献和知识收集）有促进作用。

（2）内部知识共享对技术创新绩效的影响。

以技术创新绩效为自变量，首先对企业规模、企业年龄、研发人员3个控制变量进行回归；再引入内部知识共享（知识贡献和知识收集），表4-8中模型11显示，知识贡献（$\beta = 0.312$，$p < 0.001$）、知识收集（$\beta = 0.340$，$p < 0.001$）与技术创新绩效显著正相关，假设H4-3得到支持，内部知识共享（知识贡献和知识收集）对技术创新绩效有促进作用。

（3）内部知识共享的中介效应检验。

本章采用Baron和Kenny（1986）提出的分析步骤验证内部知识共享在内部战略共识和技术创新绩效之间的中介效应。首先，表4-8中模型10在模型9的基础上加入自变量内部战略共识，结果显示，内部战略共识与技术创新绩效显著正相关（M10，$\beta = 0.373$，$p < 0.001$），假设H4-1得到验证；其次，如前所述，表4-7中模型2和模型6说明，内部战略共识与知识贡献、知识收集显著正相关（M2，$\beta = 0.410$，$p < 0.001$；M6，$\beta = 0.364$，$p < 0.001$）；再次，表4-8中模型11说明，知识贡献、知识收集对技术创新绩效显著正相关（M11，$\beta = 0.312$，$p < 0.001$；$\beta = 0.340$，$p < 0.001$）；最后，表4-8中模型12在模型9的基础上，同时加入自变量内部战略共识、中介变量内部知识共享，结果显示，内部战略共识对技术创新绩效的正向作用由原来的0.373（$p < 0.001$）下降至0.156（$p < 0.01$），内部知识共享的正向作用仍然显著。因此，内部知识共享在内部战略共识与技术创新绩效之间发挥了部分中介作用，假设H4-4得到验证。

进一步地，为了防止三步法检验中介效应可能出现的第一类错误（温忠麟等，2004），本章采用Preacher和Hayes（2008）提供的

PROCESS 宏插件，利用 bootstrap 方法验证中介效应。本章将 bootstrap 样本量设为 5000，置信区间为 95%，得到的内部战略共识——内部知识共享（知识贡献和知识收集）——技术创新绩效的检验结果如表 4－9 所示。由表 4－9 结果可知，95% 的置信区间都不包含 0，内部战略共识通过内部知识共享（知识贡献和知识收集）对技术创新绩效的间接效用是显著的。假设 H4－4 得到进一步验证，内部知识共享在内部战略共识与技术创新绩效之间的中介作用显著。

表 4－9　　内部知识共享的中介作用检验

变量	系数	BootSE	95% CI	
			低	高
内部知识共享	0.222	0.034	0.160	0.293
知识贡献	0.110	0.032	0.052	0.175
知识收集	0.112	0.029	0.061	0.175

注：置信区间 95%；bootstrap＝5000。

（4）内部组织协同的调节作用检验。

首先，检验内部组织协同对内部战略共识与知识共享（知识贡献和知识收集）关系的调节作用。为避免可能产生的多重共线性问题，本章先将自变量与调节变量进行去中心化处理，再引入调节变量内部组织协同与自变量内部战略共识的乘积项。在模型 2 的基础上，模型 3 和模型 4 分别加入内部组织协同、内部组织协同和内部战略共识的交互项。表 4－7 结果显示，内部组织协同对内部战略共识与知识贡献关系的调节作用显著（M4，$\beta = 0.169$，$p < 0.01$）；同样的，由模型 8 可见，内部组织协同对内部战略共识与知识收集关系的调节作用显著（M8，$\beta = 0.179$，$p < 0.01$），假设 H4－5 得到验证，内部组织协同正向调节内部战略共识与内部知识共享之间的关系。

其次，检验内部组织协同对内部知识共享在内部战略共识与技术创新绩效间的中介作用的调节效应。表 4－8 中模型 14 显示，内部组织协同与内部战略共识的交互项与技术创新绩效显著正相关（M14，

$\beta = 0.245$，$p < 0.001$）。模型 15 在模型 14 的基础上加入中介变量，知识贡献、知识收集回归系数仍显著（$\beta = 0.195$，$p < 0.001$；$\beta = 0.231$，$p < 0.001$），交互项对技术创新绩效的正向作用由原来的 0.245（$p < 0.001$）下降至 0.171（$p < 0.001$），内部战略共识与内部组织协同的交互作用通过内部知识共享影响技术创新绩效。

为了进一步验证被调节的中介作用，本章借鉴 Edwards 和 Lambert（2007）的做法，利用 bootstrap 的方法进行检验。先分别检验高内部组织协同和低内部组织协同（高于和低于内部组织协同均值一个标准差）情况下内部知识共享（知识贡献和知识收集）的中介作用，然后对两种情况下内部知识共享的中介作用进行比较，结果如表 4－10 所示。具体地，当企业内部组织协同程度高时，知识贡献间接效应的 95% 置信区间不包含 0（[0.039，0.192]），说明在该情况下知识贡献的中介作用显著；当企业内部组织协同程度低时，知识贡献间接效应的 95% 置信区间包括 0（[－0.003. 0.088]），说明在该情况下知识贡献的中介作用不显著；两类情况下中介作用差异性的 95% 置信区间为［0.008，0.063］，不包含 0，说明存在被调节的中介作用。同样地，由表 4－10 可见，当企业内部组织协同程度高时，知识收集间接效应的 95% 置信区间是［0.051，0.219］，不包含 0；内部组织协同程度低时，知识收集间接效应的 95% 置信区间是［－0.023，0.076］，包含 0；两类情况下中介作用差异性的 95% 置信区间为［0.008，0.084］，不包含 0，说明被调节的中介作用存在。高内部组织协同为价值从知识到资产的转化提供有利条件，此时知识共享的中介作用更强；当内部组织协同程度低时，企业内部可能存在信息流动不畅、配套机制不完善等问题，这可能是知识共享无法发挥中介作用的原因。因此，假设 H4－6 得到验证，内部组织协同正向调节内部知识共享（知识贡献和知识收集）在内部战略共识与技术创新绩效间的中介作用，内部组织协同程度越高，内部知识共享的中介作用越强，反之则越弱。

表 4 - 10　第一阶段被调节的中介作用 bootstrap 检验

内部组织协同	中介变量（知识贡献）				中介变量（知识收集）			
	效应	BootSE	LLCI	ULCI	效应	BootSE	LLCI	ULCI
4.750	0.111	0.040	0.039	0.192	0.123	0.043	0.051	0.219
3.750	0.080	0.029	0.027	0.141	0.077	0.028	0.036	0.144
2.250	0.033	0.023	-0.003	0.088	0.021	0.026	-0.023	0.076
高—低组差异	0.031	0.014	0.008	0.063	0.039	0.020	0.008	0.084

注：置信区间 95%；bootstrap = 5000。

为了更加直观地显示内部组织协同的调节作用，本章采用简单斜率法进行分析，并绘制调节效应图。首先，以内部组织协同为变量，计算每一样本数据在各测项上的平均分数，用 SPSS 22.0 中的 K - 均值聚类程序对这些数据进行聚类分析，得到两类样本，分别表示高内部组织协同和低内部组织协同，然后以知识贡献为因变量，对两类样本分别进行回归分析，结果见图 4 - 2。当企业内部组织协同程度较高时，内部战略共识和知识贡献的回归斜率为 0.498（$p < 0.001$）；当企业内部组织协同程度较低时，回归斜率为 0.242（$p < 0.01$），表明相对于低内部组织协同，高内部组织协同对内部战略共识与知识贡献关系的影响更大。同样地，以知识收集为因变量，分别对两类样本进行回归分析，当企业内部组织协同程度较高时，内部战略共识和知识收集的回归斜率为 0.489（$p < 0.001$）；当内部组织协同程度较低时，回归斜率为 0.118（$p > 0.1$），调节效应图如图 4 - 3 所示，相对于低内部组织协同，高内部组织协同对内部战略共识与知识收集关系的影响更大。

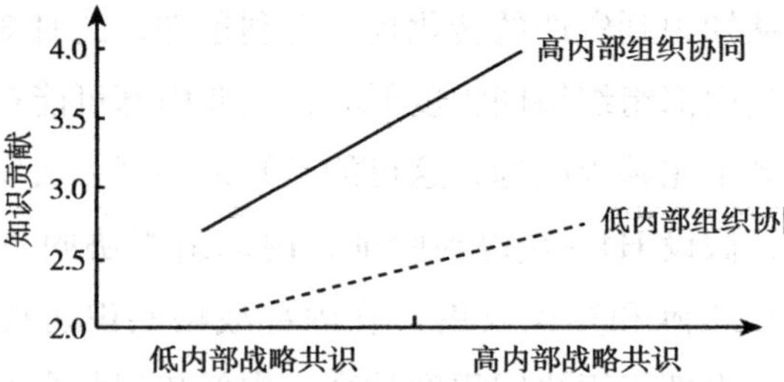

图 4 - 2　内部组织协同对内部战略共识与知识贡献关系的调节效应

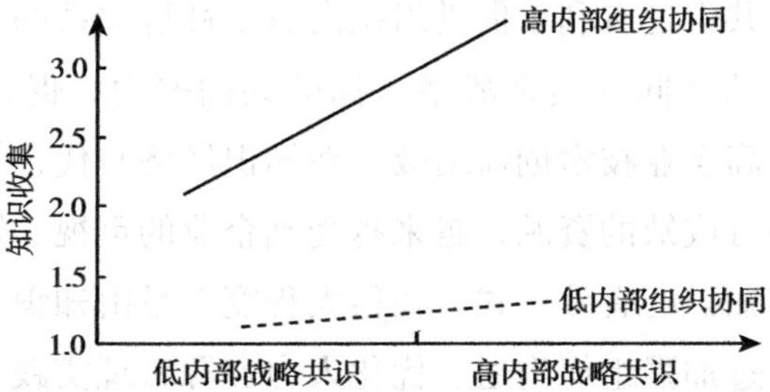

图 4－3　内部组织协同对内部战略共识与知识收集关系的调节效应

4.5　总结与管理启示

内部战略共识是组织与员工建立信任的最佳途径，在企业内部形成战略共识能够显著促进内部知识共享，进而促进企业技术创新绩效的提高。本章结合问卷调查数据，对研究假设进行实证检验。研究结果表明，内部战略共识与内部知识共享、技术创新绩效显著正相关，内部知识共享在内部战略共识与技术创新绩效的关系中起部分中介作用，内部组织协同正向调节内部战略共识与知识共享的关系，并且内部组织协同正向调节内部知识共享在内部战略共识与技术创新绩效间的中介作用。从组织内部视角看，战略共识、知识共享、组织协同都对技术创新绩效有重要作用。企业在管理实践中，要加强组织沟通以提高内部战略共识、促进内部知识共享，并且推动内部组织协同，提高企业内部协同度。

内部战略共识是组织内部不同成员对企业战略目标及实现方法的共同认识，建立起内部战略共识的企业更富有战略执行力，更可能在合力的作用下实现战略目标。因此，企业高管要加强与组织成员的沟通，高管与员工（尤其是与高管团队之外的管理层员工）之间的密集交流，可以使组织成员在企业战略、行业和市场趋势等方面达成共识，进而促进大家行为的改变，使企业创新能够切实开展并获得成效。内部战略共识还有利于促进组织内员工社群关系的建立，激发员工对企业战略的认同和实现战略目标的共同努力，促进知识共享行为，并由此提高企业技术创新绩效。在知识经济时代，知识是企业获取竞争优势不可或缺的资源，越来越受到企业的重视。知识共享是企业持有和创造知识的有效方式，在很大程度上是由知识主体自主决定的。企业应通过加强组织沟通、优化人力资源管理实践等方式提高员工战略共识，同时也要优化内部组织协同，支持和鼓励员工进行知识贡献和知识收集，以提高知识在产品或服务上的运用，促进创新活动开展，从而确保企业更好的创新表现。

协同视阈下战略共识对企业技术创新绩效的影响研究
Chapter 5

第5章 外部战略共识影响技术创新绩效的实证分析

5.1 问题提出

知识经济时代，创新是企业获得并保持竞争优势的关键。为了应对快速变化的商业经济环境，企业不仅专注于自主研发实现创新，还要通过外部合作推动创新发展。供应链是企业从外部获取信息、知识、管理理念的主要渠道（龙勇和潘红春，2014），供应链合作伙伴之间的协同可以帮助企业对市场变化作出快速响应（Gligor and Holcomb，2012）。例如，丰田汽车公司通过建立知识共享体系，与全球的供应链合作伙伴进行知识共享，取得了令人瞩目的业绩。供应链合作伙伴往往是拥有共同目标的利益相关者，它们之间的关系更加密切（冯长利等，2015），通过签订战略合作协议等方式开展合作。在合作协议的实施过程中，也更可能进行知识共享、开展有效协作。供应链合作伙伴出于对共同利益的追求，需要而且更倾向于进行有效的知识共享。基于彼此之间的密切联系，以及共同的目标追求，供应链合作伙伴之间达成战略合作、协同进行创新的可能性更大。因此，本章进行外部协同视角的研究时，主要关注供应链企业之间的战略共识对企业技术创新绩效的影响。供应链企业间达成战略共识对供应链企业之间的知识共享和技术标准的统一具有积极的推动作用。

在动态复杂、不确定性日益增加的市场环境中，企业纷纷选择与其他企业合作，进行知识共享和产品共同研发（刘学元等，2016）。客户与供应商等重要的供应链合作伙伴不仅为企业提供市场偏好信息、互补性的资源等，还可能与企业开展协同创新等深度合作。通过演化博弈结果分析，本章发现战略共识程度越高，企业越可能与供应链合作伙伴共享知识，此时合作系统更可能达到最佳的演化稳定状态，使企业的技术创新绩效得到提升。战略共识加强企业双方的承诺，降低机会主义行为，推动知识共享，带来更高水平的联合创新能力。企业是具有理性特征的战略决策主体，即使是有限的理性，在重大的关键性战略问题上，起主要作用的仍然是理性谋划，而非情感或情绪。认知同样存在于组织层面（李旭文和齐中英，2019），决定企业面对外在环境刺激的行为反应（Bandura，1986）。供应链合作伙伴通过谈判等方式形成战略共识、达成战略合作协议。外部战略共识是企业经过理性计算，形成的一种协同合作、相互信任的一致性认知。这种共同认知是供应链企业合作的持续动力，有助于促进供应链合作伙伴之间的知识共享，进而提高企业技术创新绩效、推动供应链合作伙伴的共同发展。良好的外部组织协同可以提高知识共享效率，降低知识共享成本，为外部战略共识促进知识共享、提高技术创新绩效提供有利条件。本章将从企业外部视角，通过实证分析检验外部战略共识、知识共享以及组织协同对企业技术创新绩效的影响。

5.2　研究假设

5.2.1　外部战略共识与技术创新绩效

随着技术的加速更迭，创新日益复杂，竞争从单一企业转向供应链网络，当供应链企业形成协调一致的整体时，能够推动"1+1>2"的协同效应产生（宋华和陈思洁，2019），提高企业的技术创新绩效。外部战略共识对技术创新绩效的促进作用主要体现在以下方面。

首先，外部战略共识促进供应链合作企业从长远角度和共同利益出发，进行战略思考和决策制定，共同致力于问题解决。企业经过理性计算，如果认为合作更符合自身利益要求，将不会狭隘地只关注短期利益；相反，企业会主动开展合作，寻求解决问题的合作创新方案。基于战略共识形成的合作意愿，双方的责任意识更强，他们可能在履行合同条款之外付出更多，以帮助对方克服困难、跨越障碍

(Mirzaei et al., 2016)。创新是一项长期战略，也是每个企业应对市场变化的战略性技能，如果供应链成员能够共同构建良好的合作平台，成员之间的信任感和合作意愿将得到增强，这将推动企业协同开展创新活动，提升技术创新绩效。

其次，外部战略共识促进合作双方的专用性投资，加强供应链合作伙伴之间的相互信任，使合作关系更加稳定。得益于合作机制的稳定性，供应链成员共同参与创新的热情更高（Luo et al., 2015）。由于信息不对称性和创新本身的不确定性，合作双方无法对彼此的行为做出完全准确的判断，可能在犹豫不决中丧失机会。如果供应链合作伙伴之间达成战略共识，预期对方会给予正向回报，则在一定程度上降低了合作的不可预见性，进而有利于企业迅速地参与到合作创新中，及时准确地为对方提供支持。这种对合作关系的专用性投资能够加速创新进度，使双方在合作中获得双赢，也增加了转换合作伙伴的成本，能够很好地约束供应链成员的违约行为。

进一步地，良好的合作沟通为企业提供更多的信息，使企业在创新过程中保持敏锐性，及时发现潜在的机遇，以及可能面临的问题。具体来说，与供应商之间密切的商业联系为企业带来原材料和物流等方面的信息，与客户之间的密切联系为企业带来市场需求、产品市场反应等方面的信息（张振刚等，2017）。与供应链合作伙伴的联系越密切，彼此之间的沟通越频繁，企业越能够准确地了解创新的市场认可度。基于对外在市场环境的共同判断，供应链合作伙伴相互协作，确定或调整创新方向，使彼此成为可以满足对方创新需求的上下游合作伙伴。因此，本章提出如下假设：

假设 H5 - 1：外部战略共识正向影响技术创新绩效。

5.2.2 外部战略共识与外部知识共享

供应链是一张“知识供需网”，不仅为企业提供物料，还是企业之间进行知识共享的重要渠道（冯长利等，2015）。面对市场变化和技术更新，企业不可能拥有创新需要的全部知识，为解决知识缺口问题，从外部获取知识成为企业的必然选择。从知识的角度来看，供应链是企业之间相互学习的知识系统（Lambrechts et al.，2012），为企业获取外部知识、赢得竞争优势提供了途径。当供应链合作伙伴之间达成战略共识，基于对市场环境和企业利益的共同分析，双方对彼此之间协同合作、相互信任的一致性认知程度更高，突破企业边界共享知识的可能性更大。

战略共识是供应链成员之间形成合作关系的重要条件，在供应链知识共享中具有重要意义。具有战略共识的上下游企业互信度更高，对彼此的认同促使双方为了解决问题而进行知识共享（苏涛等，2017）。这种积极的知识共享促进知识在供应链上的高效流动，有利于减少机会主义行为，保障企业的知识利益，提高供应链合作伙伴共同获得知识共享带来的收益。相反，如果供应链成员之间相互不认同、不信任，都试图通过欺骗对方获得知识技术，通过损害对方利益而使自己获利，那么知识交易的巨大风险将会使企业之间的知识共享机制失效，供应链整体利益和企业利益都无法得到保证。

达成战略共识的合作伙伴之间沟通良好，而良好的合作沟通为供应链成员知识共享、联合进行问题解决提供了有益的保障。一方面，良好的沟通提升供应链成员间的关系质量，随着企业之间合作关系的建立，上下游企业才愿意进行知识共享，积极参与到企业的产品优化等过程中；另一方面，供应链合作伙伴在频繁且及时的交流过程中，才能更好地理解对方的知识表达，实现真正的知识共享（喻登科和周子新，2020）。面对市场变化或技术更新，达成战略共识的企业之间更可能彼此分享知识，提供有效的技术支持，抱团应对环境不确定性。因此，本章提出如下假设：

假设H5－2：外部战略共识正向影响外部知识共享。

5.2.3 外部知识共享与技术创新绩效

在高度不确定的经济环境中，行业基础知识不断更新迭代，知识结构复杂，并且来源渠道广泛多样，创新往往是基于多个企业知识的共同积累完成的。知识共享是知识拥有者和知识接收者之间的互动，通过供应链伙伴之间的知识共享，企业突破知识等资源的限制，获得创新质量和创新速度的提高，以及由此带来的创新绩效的提高（Hernandez－Espallardo et al.，2011）。外部知识共享对技术创新绩效的促进作用，具体体现在以下三个方面。

首先，外部知识共享影响企业知识存量变化，进而对创新绩效产生积极影响（龙勇和汪谷腾，2018）。面对日益复杂的创新技术，单个企业特别是中小企业一般无法掌握完成创新的全部知识，他们需要外部知识资源的支持以开展创新活动。通过外部知识共享，企业与供应链合作伙伴讨论技术标准，交流技术诀窍，共享专业经验，以此提高创新能力。外部知识共享是企业对自身知识不足进行补充的重要方式（Bogers，2011），能够推动组织学习，促进技术创新绩效提升。

其次，在知识共享的过程中，企业不仅获取供应链合作伙伴的现有知识，还可能创造出新的知识。通过供应链企业之间的密切合作，企业贡献原有的知识储备，同时实现对其他企业知识的收集，这个过程有利于企业完成创造新知识的复杂活动（冯长利等，2016）。知识资源不会由于重复使用而出现边际报酬递减，伴随着知识交互的过程，企业不断进行知识积累，还可能促进企业自有知识与外部知识的融合。新知识的产生有助于企业找到问题解决方案，可以进一步提升企业创造性问题解决能力和创新绩效。

最后，外部知识共享为企业提供学习不同知识的机会，帮助企业克服单一知识积累可能导致的能力刚性问题（Kamasak and Bulutlar，2010）。在创新知识日益复杂的经济环境下，在某个方面形成自己特有的知识优势能够为企业带来独特的竞争优势。但是，如果企业过度专注于单一路径的知识积累，可能会产生“非此处创造”的路径依赖，这不利于企业创新能力的提升。供应链合作伙伴间的知识共享，可以促进知识协调优化，缓解内部知识压力，帮助企业通过对外部知识的有效利用实现创新。因此，本章提出如下假设：

假设 H5 -3：外部知识共享正向影响技术创新绩效。

5.2.4　外部知识共享的中介作用

达成战略共识的供应链合作伙伴之间彼此信任、沟通良好，这种关系特质为企业之间进行知识共享创设了重要的前提条件。外部战略共识是企业双方在事关长远发展或重大利益问题上，认为合作是更有利的共同认知。这种共同认知推动供应链企业之间加强创新合作，共同在动态复杂的市场环境中创造收益，知识共享是企业合作的重要方式。基于战略共识，供应链合作伙伴往往在合作中投入更多的专用性资产，双方之间形成强关系，而强关系是企业进行资源共享的重要基础（孙世强和陶秋燕，2019），推动企业与供应链合作伙伴交流采购、生产、管理等方面的知识。当企业之间达成战略共识时，企业双方对彼此协同合作、相互信任的一致性认知程度更高，彼此之间相互认同，在此基础上进行的知识共享的可能性更大。基于对供应链合作伙伴态度和行为的积极预期，企业之间的关系稳定性得到加强，合作沟通频率增加，推动企业进行更广泛和深入的知识共享（Nugroho，2012），有利于企业对知识的高效利用，甚至进行新知识创造。

通过知识共享，不同企业的多样化和差异化的知识在供应链上下游企业之间流动，为企业创新提供了丰富的知识资源，这对技术创新绩效提升至关重要。外部知识共享不仅指企业相互交换知识，还包括对交换的知识进行整合利用，转化为自有知识。通过外部知识共享，企业进行知识传递、收集，以及知识的整理、吸收，通过一系列的活动，将知识资源应用于企业生产经营和创新活动中。在这个过程中，外部知识共享增加了企业的知识储备，对企业的技术创新绩效起正向促进作用（Ritala et al.，2015）。外部知识共享为企业带来丰富多元的知识，使企业处于持续学习和不断进行知识更新的状态。在这样的状态下，企业及企业成员有机会接触更多不同的知识，进而可以借助企业自身和合作伙伴的力量进行创造性问题解决。随着知识共享的不断开展，供应链合作伙伴之间实现优势互补，相互支持，以促进技术创新绩效提升。战略共识通过影响企业与供应链合作伙伴之间的知识共享，进而对技术创新绩效产生影响。因此，本章提出如下假设：

假设 H5－4：外部知识共享在外部战略共识与技术创新绩效的关系中起中介作用。

5.2.5 外部组织协同的调节作用

外部组织协同是指企业与供应商、客户等共同努力，在新产品设计、采购和生产等过程中共同决策，运用供应链上下游企业的技术资源、反馈信息和生产能力的协同过程（Droge et al.，2004）。信息技术的应用提高企业与供应链合作伙伴的沟通频率，企业与合作伙伴共同努力的协同过程为外部战略共识促进外部知识共享、提高技术创新绩效创造良好的条件，外部组织协同正向调节外部战略共识对外部知识共享的促进作用，并且正向调节外部知识共享的中介作用。具体地，外部组织协同的调节作用主要表现在以下两个方面。

一方面，外部组织协同促进供应链合作伙伴基于战略共识进行更多的知识共享。企业之间的战略共识度越高，双方对协同合作和相互信任的认知越趋于一致，越有利于稳定的合作关系的形成。外部组织协同推动供应链合作伙伴之间的密切合作，促进合作伙伴进行联合规划、共同优化企业产品开发过程。通过实施外部组织协同，企业之间达成共同目标（Zhao et al.，2013），为共同寻求问题解决方案进行更多的互动交流。企业还可能为了联合解决问题，为对方提供技术、资金等方面的支持，这为企业知识共享创设了良好的交互情境。在这种良好的互惠性的关系中，企业往往更注重长远回报，彼此之间形成长期承诺，知识共享得到更多支持。相反，如果外部组织协同程度较低，企业与供应商、顾客之间的信息、技术、资金等协同不充分，企业之间则缺乏联合进行问题解决的互惠交流。而许多知识往往难以被清晰地表达，更可能在实际进行问题解决的过程中传递。在外部组织协同程度不高的情形下，即使企业之间达成战略共识，可能也无法真正实现知识共享和战略合作。因此，优良的外部组织协同使战略共识对外部知识共享的促进作用得到加强。

另一方面，当外部组织协同程度较高时，外部战略共识通过知识共享提高技术创新绩效的作用更大。第一，外部组织协同增强供应链企业之间的合作黏性，促进企业进行知识共享和创新合作。跨企业的知识共享机制激发企业在互动中产生新的创意，提高企业的技术创新绩效（Estrada et al.，2015）。达成战略共识的企业在外部组织协同的作用下形成合力，这有助于提高企业的组织柔性和适应能力，促进企业在动态变化的环境中创新和发展。外部组织协同可以缩短知识向创新转化的时间，加速知识向创新转化的速度，提高技术创新效率和成功率。外部组织协同程度高的企业可以协调利用合作伙伴的信息系统和资源（刘超等，2017），减少重复的投资，降低企业成本和运营风险。第二，外部组织协同提高企业对有价值的复杂知识的吸收和利用，进而提高企业的技术创新绩效。优良的外部组织协同使企业通过技术信息进行更多的交流互动，这种信息共享有利于企业之间交互记忆系统的形成，进而促进组织实现更高水平的发展（Heavey and Simsek，2017）。在外部组织协同的作用下，外部战略共识有效推动知识共享，提高企业的设计和制造能力，进而实现创意的商业化开发，为企业和整个供应链创造效益。因此，本章提出如下假设：

假设H5-5：外部组织协同正向调节外部战略共识和知识共享之

间的关系。

假设 H5-6：外部组织协同正向调节外部知识共享在战略共识和技术创新绩效间的中介作用。

本章的概念模型如图 5-1 所示。

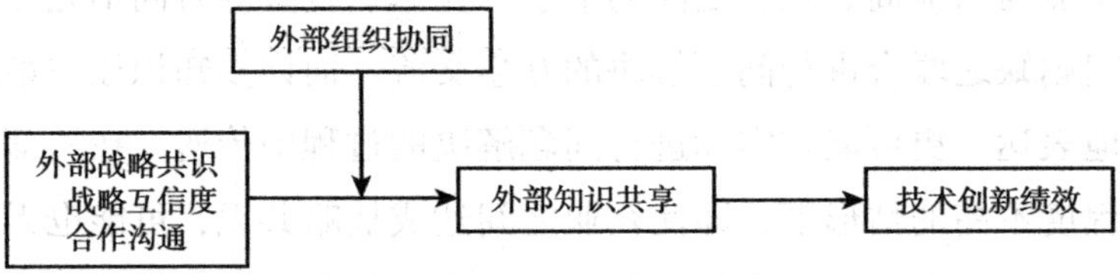

图 5-1　外部战略共识影响技术创新绩效的概念模型

5.3　数据收集与变量测量

5.3.1　量表设计

与第 4 章方法相同，本章在借鉴国内外公开发表文献中已使用过的成熟量表基础上，通过个人访谈搜集改进意见，形成初始量表。题项的测量采用主观感知方法，使用 Likert5 分量表法，1 表示完全不同意，2 表示不同意，3 表示一般，4 表示同意，5 表示完全同意，用变量测量指标的平均值对各变量进行赋值。

（1）外部战略共识。

外部战略共识是企业双方在事关长远发展或重大利益的问题上，形成的协同合作、相互信任的一致性认知。信任和沟通是关系治理中的两个重要方面（谷盟等，2021），鉴于信任和沟通在企业开展战略合作过程中的重要作用（杨震宁和白春叶，2018），本章从战略互信度和合作沟通两个维度对外部战略共识进行测量。本章参考 Romijn 和 Albaladejo（2002）、Luo（2008）、许婷和杨建君（2017）等学者的测量量表，使用包括“在遵守战略合作协议方面，供应链企业之间可以相互信任”“在各种活动中，本单位得到合作伙伴的信任”“供应链合作伙伴能够信守承诺”“面对环境的变化，本单位与供应链伙伴会及时沟通”等共 8 个题项，其中反向题 1 个。

（2）外部知识共享。

外部知识共享的测量借鉴冯长利等（2015）的量表，主要关注企业与供应链合作伙伴进行的知识共享，包括“与供应链合作伙伴交流很多产品技术相关的知识”“与供应链合作伙伴交流很多生产流程相关的知识”“与供应链合作伙伴时常交流一些管理经验”等 8 个题项。

（3）外部组织协同。

外部组织协同的测量借鉴 Wong 等（2011）、Huo 等（2013）的量表，包括“通过信息技术与供应链合作伙伴共享信息”“与供应链合作伙伴进行联合规划和预测”“供应链合作伙伴在采购和生产过程中向我们提供信息”等 4 个题项。

（4）技术创新绩效。

技术创新绩效的测量与第 4 章一致，借鉴 Zhang 和 Li（2010）、党兴华和常红锦（2013）、张方华和陶静媛（2016）等的量表，主要从专利和新产品等方面进行考察。具体地，本章使用申请的专利数量、开发的新产品数量等 5 个题项。

（5）控制变量。

与第 4 章一致，本章选择企业规模、企业年龄和研发能力三个可能对技术创新绩效产生影响的变量作为控制变量。

外部视角研究的测量量表如表 5－1 所示。

表 5－1　外部视角研究的测量量表

变量	测项	量表参考来源
外部战略共识	本单位与供应链伙伴都可能通过欺骗对方获得利益（反向题）	Romijn 和 Albaladejo（2002）；Luo（2008）；许婷和杨建君（2017）
	在遵守战略合作协议方面，供应链企业之间可以相互信任	
	本单位相信合作伙伴能够信守承诺	

续表

变量	测项	量表参考来源
外部战略共识	在各种活动中，本单位得到合作伙伴的信任	Romijn 和 Albaladejo（2002）；Luo（2008）；许婷和杨建君（2017）
	面对环境的变化，本单位与供应链伙伴会及时沟通	
	本单位与供应链伙伴之间经常进行交流	
	本单位与供应链伙伴之间沟通充分*	
	本单位与供应链伙伴之间的沟通渠道畅通	
外部知识共享	与供应链合作伙伴交流很多产品技术相关的知识	冯长利等（2015）
	与供应链合作伙伴交流很多生产流程相关的知识	
	与合作伙伴交流很多物流采购相关的知识	
	与供应链合作伙伴时常交流一些管理经验	
	与供应链合作伙伴交流很多市场营销知识	
	与供应链合作伙伴交流本行业最新发展信息	
	与合作伙伴交换财务绩效等敏感信息*	
	与供应链合作伙伴交流所需的其他方面的知识*	
外部组织协同	通过信息技术与供应链合作伙伴共享信息	Wong 等（2011）；Huo 等（2013）
	与供应链合作伙伴进行联合规划和预测	
	供应链合作伙伴在采购和生产过程中向我们提供信息	
	供应链合作伙伴参与企业的产品开发过程	
技术创新绩效	企业申请的专利数量明显增加	Zhang 和 Li（2010）；党兴华和常红锦（2013）；张方华和陶静媛（2016）
	企业开发的新产品数量明显增加	
	新产品开发的成功率明显提高	
	向市场投放新产品的速度明显加快	
	新产品销售占销售总额的比例明显提高	

注：带*的为删除题项。

5.3.2 数据收集

与第4章方法相同，在初始量表设计完成后，本章进行问卷预测试，对回收的57家企业的有效样本进行量表检验，具体结果见表5-2。

表 5-2　　初测量表的信度与效度检验

变量	题项	删除该题项后的 Cronbach'α	Cronbach'α	KMO	因子载荷
外部战略共识				0.792	
战略互信度	MT1	0.829	0.886		0.847
	MT2	0.848			0.870
	MT3	0.859			0.869
	MT4	0.876			0.782
合作沟通	CC1	0.613	0.798		0.842
	CC2	0.629			0.821
	CC3 *	0.798			—
	CC4	0.664			0.812
外部知识共享	EKS1	0.874	0.920	0.879	0.761
	EKS2	0.867			0.838
	EKS3	0.865			0.885
	EKS4	0.870			0.888
	EKS5	0.867			0.890
	EKS6	0.875			0.812
	EKS7 *	0.903			—
	EKS8 *	0.901			—
外部组织协同	EC1	0.850	0.889	0.780	0.883
	EC2	0.863			0.856
	EC3	0.827			0.915
	EC4	0.886			0.815
技术创新绩效	IP1	0.918	0.933	0.902	0.894
	IP2	0.914			0.900
	IP3	0.914			0.901
	IP4	0.928			0.866
	IP5	0.915			0.903

注：MT 表示战略互信度，CC 表示合作沟通，EKS 表示外部知识共享，EC 表示外部组织协同，IP 表示技术创新绩效；带 * 的为删除题项。

需要说明的是，题项删除前，合作沟通总的 Cronbach'α 系数为 0.746，删除题项 CC3 的 Cronbach'α 系数比合作沟通总的 Cronbach'α

系数大；并且探索性因子分析显示，合作沟通题项 CC3 的因子载荷为0.261，小于0.5，因此，删除题项 CC3。表格中报告删除 CC3 后的合作沟通总的 Cronbach'α 系数，以及删除题项 CC3 后再次进行探索性因子分析得到的外部战略共识的 KMO 值、其他 7 个题项的因子载荷。题项删除前，外部知识共享总的 Cronbach'α 系数为0.892，删除题项 EKS7、EKS8 的 Cronbach'α 系数比外部知识共享总的 Cronbach'α 系数大；并且探索性因子分析显示，外部知识共享题项 EKS7、EKS8 的因子载荷分别为0.344、0.270，小于0.5，因此，删除题项 EKS7、EKS8。表格中报告删除 EKS7、EKS8 后的外部知识共享总的 Cronbach'α 系数，以及删除 EKS7、EKS8 后再次进行探索性因子分析的外部知识共享的 KMO 值和其他 6 个题项的因子载荷。

通过预测试样本的信效度检验，外部战略共识量表删除“本单位与供应链伙伴之间沟通充分”1 项，其他 7 个题项被保留，提取出两个因子，因子 1 包含 MT1 到 MT4 四个题项，测量企业之间的战略互信度，因子 2 包含 CC1、CC2、CC4 三个题项，测量企业之间的合作沟通。外部知识共享量表删除“与合作伙伴交换财务绩效等敏感信息”“与供应链合作伙伴交流所需的其他方面的知识”2 个题项，其他 6 个题项被保留，归为一个因子。外部组织协同和技术创新绩效的测量题项没有发生变化，由此形成最终的调查问卷。

正式问卷的调查样本与第 4 章相同，调研企业主要来自江苏、浙江、上海等经济发达的长三角地区的高新技术企业。由于高管掌握的外部信息比较多，与供应链企业的接触面比较广，大多涉及战略合作的谈判等，因此，外部视角研究部分的问卷主要由企业高管填写。问卷的发放和回收情况与第 4 章相同，通过三种方式共发放问卷 600 份，回收 312 份，剔除数据不完整和质量不高的问卷，最终得到有效问卷 283 份，有效问卷回收率 47.17%。

5.3.3　研究样本的信度和效度检验

在进行实证检验之前，先对数据的信度和效度进行检验，以确保结论的准确性。对 283 份样本数据的信效度检验结果如表 5－3 所示。由表 5－3 可见，战略互信度、合作沟通、外部知识共享、外部组织协同、技术创新绩效的 Cronbach'α 系数均高于公认的最低临界水平 0.7，组合信度 CR 值均大于 0.7，说明量表内部一致性水平较高，具有良好的信度。本章的测量量表以成熟量表为基础，在访谈调研、预测试的基础上，修订形成最终的问卷，量表具有良好的内容效度。各题项都聚合在理论预期的构念上，并且标准化因子载荷均大于门槛值 0.5，除战略互信度外，变量的平均抽取变异量 AVE 值大于 0.5，各构念与其测量题项之间的路径系数的 t 值均大于 2，量表具有良好的聚合效度；SRAVE（平均抽取变异量的平方根）均大于该变量与其他变量之间的相关系数，说明测量量表具有良好的区分效度。此外，本章构建的竞争性模型如表 5－4 所示，与其他模型相比，本章假定的 4 个变量的五因子模型的拟合指数（$\chi^2/df = 1.255$，RMSEA = 0.030，CFI = 0.984，TLI = 0.982）最优，进一步说明各变量之间的区分效度良好。

表 5－3　　研究样本的信度、效度检验

变量	题项	Cronbach'α	CR	AVE	因子负荷	t 值
外部战略共识						
战略互信度	MT1	0.786	0.793	0.493	0.653	
	MT2				0.751	9.768
	MT3				0.802	10.166
	MT4				0.583	7.966
合作沟通	CC1	0.825	0.826	0.614	0.741	
	CC2				0.767	11.552
	CC4				0.839	11.595

续表

变量	题项	Cronbach'α	CR	AVE	因子负荷	t 值
外部知识共享	EKS1	0.885	0.879	0.550	0.750	
	EKS2				0.622	11.292
	EKS3				0.683	11.303
	EKS4				0.775	12.543
	EKS5				0.812	13.127
	EKS6				0.791	12.695
外部组织协同	EC1	0.903	0.903	0.701	0.911	
	EC2				0.858	19.983
	EC3				0.792	16.954
	EC4				0.782	16.534
技术创新绩效	IP1	0.902	0.902	0.649	0.818	
	IP2				0.794	15.013
	IP3				0.789	14.658
	IP4				0.799	15.030
	IP5				0.827	15.499

由于本章通过主观报告方法进行变量测量，尽管在问卷设计过程中采用了反向题设计（MT1）、向被调查者承诺保密等措施以确保数据收集的有效性，但可能仍然存在共同方法偏差的问题。因此，借鉴Podsakoff 等（2003）提供的方法，采用 Harman 单因子方法和验证性因子分析进行共同方法偏差检验。首先，本章使用 Harman 单因子检验方法，将所有题项打包进行探索性因子分析，共产生 5 个因子，其中第一个因子解释了 25.487% 的总方差，低于 50% 的判别标准。进一步地，使用验证性因子分析进行检验共同方法偏差，表 5-4 的验证性因子分析结果显示，单因子模型的拟合情况很差（χ^2/df = 8.622，RMSEA = 0.164，CFI = 0.509，TLI = 0.458），这也进一步表明同源偏差问题不会严重影响研究结果。

表 5-4　　　　验证性因子分析结果

模型	χ^2	df	χ^2/df	CFI	TLI	RMSEA
五因子模型：战略互信度；合作沟通；外部知识共享；外部组织协同；技术创新绩效	249.794	199	1.255	0.984	0.982	0.030
四因子模型：外部知识共享+技术创新绩效；战略互信度；合作沟通；外部组织协同	707.954	203	3.487	0.844	0.823	0.094
三因子模型：外部知识共享+技术创新绩效+战略互信度；合作沟通；外部组织协同	939.235	206	4.559	0.774	0.747	0.112
二因子模型：外部知识共享+技术创新绩效+战略互信度+外部组织协同；合作沟通	1553.530	208	7.469	0.586	0.540	0.151
单因子模型：外部知识共享+技术创新绩效+战略互信度+外部组织协同+合作沟通	1802.073	209	8.622	0.509	0.458	0.164

注：+表示两个因子合成一个因子；本章根据因素之间的相关系数大小，报告部分竞争模型的拟合指数。

5.4　实证结果与分析

5.4.1　描述性统计和相关性分析

表 5-5 列示了各变量的均值、标准差和相关系数。由表 5-5 可知，外部战略共识（战略互信度、合作沟通）与外部知识共享显著正相关（$r=0.287$，$p<0.001$；$r=0.304$，$p<0.001$），与技术创新绩效也显著正相关（$r=0.434$，$p<0.001$；$r=0.305$，$p<0.001$），外部知识共享与技术创新绩效显著正相关（$r=0.506$，$p<0.001$），与本章预期相同，有进一步深入研究的意义。

表 5-5 各主要变量的描述性统计及 Pearson 相关系数矩阵

变量	均值	标准差	1	2	3	4	5	6	7	8
1. 企业规模	1.975	0.712								
2. 企业年龄[a]	2.123	0.679	0.102 +							
3. 研发人员[a]	2.964	0.820	0.118 *	0.082						
4. 战略互信度	3.720	0.827	0.125 *	0.066	0.122 *	0.702				
5. 合作沟通	3.849	0.903	0.049	0.059	0.090	0.338 ***	0.783			
6. 外部知识共享	3.850	0.800	0.065	0.045	0.125 *	0.287 ***	0.304 ***	0.742		
7. 外部组织协同	3.374	0.859	0.012	0.068	0.094	0.214 ***	0.220 ***	0.182 **	0.837	
8. 技术创新绩效	3.134	1.070	0.088	0.083	0.214 ***	0.434 ***	0.305 ***	0.506 ***	0.378 ***	0.806

注：*** 表示 $p<0.001$，** 表示 $p<0.01$，* 表示 $p<0.05$，+ 表示 $p<0.1$；[a]表示取自然对数；相关系数在矩阵下三角中，对角线上加粗显示的是 AVE 值的平方根。

5.4.2 回归分析和假设检验

各主要变量之间的相关系数均小于 0.7，对回归模型进行方差膨胀因子（VIF）检验发现，模型各变量的 VIF 值均低于 5，说明不存在严重的多重共线性问题。

（1）外部知识共享的中介作用检验。

为了更好地考察变量间的关系，本章采用层次回归分析进行假设检验。对外部知识共享中介作用的检验结果如表 5-6 所示。

表 5-6 外部知识共享的中介作用

	外部知识共享			技术创新绩效					
	M1	M2	M3	M4	M5	M6	M7	M8	M9
企业规模	0.048	0.019	0.038	0.058	0.014	0.048	0.035	0.006	0.032
企业年龄[a]	0.030	0.017	0.016	0.060	0.041	0.046	0.046	0.034	0.040
研发人员[a]	0.117 +	0.088	0.093	0.202 **	0.159 **	0.179 **	0.145 **	0.123 *	0.138 **
战略互信度		0.273 ***			0.410 ***			0.301 ***	
合作沟通			0.293 ***			0.283 ***			0.155 **
外部知识共享							0.484 ***	0.403 ***	0.438 ***

续表

	外部知识共享			技术创新绩效					
	M1	M2	M3	M4	M5	M6	M7	M8	M9
外部组织协同									
互信度×外部协同									
合作沟通×外部协同									
R^2	0.019	0.092	0.104	0.053	0.217	0.133	0.283	0.364	0.305
调整后 R^2	0.009	0.078	0.091	0.043	0.206	0.120	0.273	0.353	0.292
F 值	1.820	7.005***	8.067***	5.239**	19.246***	10.637***	27.437***	31.737***	24.284***

注：***表示 $p<0.001$，**表示 $p<0.01$，*表示 $p<0.05$，+表示 $p<0.1$；[a]表示取自然对数。

表5－6中模型1和模型4为仅包括控制变量的基础模型，模型5和模型6说明外部战略共识（战略互信度和合作沟通）对技术创新绩效具有显著的正向作用（M5，$\beta=0.410$，$p<0.001$；M6，$\beta=0.283$，$p<0.001$），假设H5－1得到验证；模型2和模型3说明战略互信度、合作沟通对外部知识共享具有显著的正向作用（M2，$\beta=0.273$，$p<0.001$；$\beta=0.293$，$p<0.001$），假设H5－2得到验证；模型7说明外部知识共享对技术创新绩效具有显著的正向作用（M7，$\beta=0.484$，$p<0.001$），假设H5－3得到验证。模型8在包含控制变量的基础模型4的基础上，同时加入战略互信度和外部知识共享，外部知识共享的影响仍然显著（$\beta=0.403$，$p<0.001$），战略互信度对技术创新绩效的影响由原来的0.410（$p<0.001$）减弱至0.301（$p<0.001$）；模型9在包含控制变量的基础模型4的基础上，同时加入合作沟通和外部知识共享，外部知识共享的影响仍然显著（$\beta=0.438$，$p<0.001$），合作沟通对技术创新绩效的影响由原来的0.283（$p<0.001$）减弱至0.155（$p<0.01$）。由此可见，外部知识共享在外部战略共识与技术创新绩效中起部分中介作用，假设H5－4得到验证。

为了进一步地检验中介作用，本章采用Preacher和Hayes

(2008) 提供的 PROCESS 宏插件，利用 bootstrap 方法检验外部知识共享的中介效应是否显著。本章将 bootstrap 样本量设为 5000，置信区间为 95%，得到的外部战略共识（战略互信度和合作沟通）——外部知识共享——技术创新绩效的检验结果显示，外部知识共享在外部战略共识与技术创新绩效之间中介作用的 95% 水平的非对称置信区间不包含 0（置信区间分别为 [0.082, 0.211] 和 [0.085, 0.233]），说明中介效应显著，假设 H5－4 得到验证，外部战略共识通过推动供应链合作伙伴之间的知识共享，进而提高企业技术创新绩效。

(2) 外部组织协同的调节作用检验。

为避免可能产生的多重共线性问题，先将自变量与调节变量进行去中心化处理，再引入乘积项进行回归分析，对外部组织协同调节作用的检验结果如表 5－7 所示。

表 5－7　外部组织协同的调节作用

	外部知识共享		技术创新绩效			
	M10	M11	M12	M13	M14	M15
企业规模	0.002	0.025	－0.006	－0.006	0.030	0.020
企业年龄[a]	－0.005	－0.013	0.004	0.006	－0.006	－0.001
研发人员[a]	0.073	0.061	0.129**	0.104*	0.119*	0.096*
战略互信度	0.239***		0.339***	0.258***		
合作沟通		0.279***			0.233***	0.129*
外部知识共享				0.340***		0.373***
外部组织协同	0.118*	0.123*	0.284***	0.244***	0.326***	0.280***
互信度×外部协同	0.169**		0.236***	0.179***		
合作沟通×外部协同		0.163**			0.253***	0.192***
R^2	0.133	0.141	0.349	0.449	0.285	0.404
调整后 R^2	0.114	0.123	0.335	0.435	0.269	0.389
F 值	7.055***	7.564***	24.630***	31.985***	18.336***	26.679***

注：*** 表示 $p<0.001$，** 表示 $p<0.01$，* 表示 $p<0.05$，+ 表示 $p<0.1$；[a] 表示取自然对数。

首先，检验外部组织协同对外部战略共识与外部知识共享关系的调节作用，以外部知识共享为因变量，表 5－7 中模型 10、模型 11

结果显示，调节变量外部组织协同与自变量外部战略共识（战略互信度和合作沟通）的乘积项的回归系数显著（M10，β=0.169，p<0.01；M11，β=0.163，p<0.01），外部组织协同对外部战略共识（战略互信度和合作沟通）与外部知识共享关系的调节作用显著，假设H5-5得到验证。

其次，检验外部组织协同对外部知识共享在外部战略共识与技术创新绩效间的中介作用的调节效应。表5-7中模型12结果显示，外部组织协同对战略互信度与技术创新绩效关系的调节作用显著（M12，β=0.236，p<0.001），模型13在模型12的基础上加入中介变量外部知识共享，交互项对技术创新绩效的正向作用由原来的0.236（p<0.001）下降到0.179（p<0.001）；表5-7中模型14结果显示，外部组织协同对合作沟通与技术创新绩效关系的调节作用显著（M14，β=0.253，p<0.001），模型15在模型13的基础上加入外部知识共享，交互项对技术创新绩效的正向作用由原来的0.253（p<0.001）下降到0.192（p<0.001）。因此，外部组织协同调节外部知识共享在外部战略共识（战略互信度和合作沟通）与技术创新绩效关系间的中介作用，假设H5-6得到验证。

本章借鉴Edwards和Lambert（2007）的做法，采取bootstrap方法进一步检验被调节的中介作用。本章分别检验高外部组织协同和低外部组织协同情况下外部知识共享的中介作用，并对两种情况下外部知识共享的中介作用进行比较，结果如表5-8所示。

表5-8　第一阶段被调节的中介作用bootstrap检验

外部组织协同	自变量（战略互信度）				自变量（合作沟通）			
	效应	BootSE	LLCI	ULCI	效应	BootSE	LLCI	ULCI
4.250	0.186	0.042	0.109	0.273	0.204	0.052	0.112	0.316
3.500	0.117	0.030	0.062	0.180	0.135	0.036	0.071	0.211
2.500	0.023	0.038	-0.049	0.100	0.043	0.043	-0.043	0.126
高—低组差异	0.094	0.031	0.033	0.153	0.092	0.037	0.029	0.173

注：置信区间95%；bootstrap=5000。

当企业外部组织协同程度高时，外部知识共享在战略互信度与技术创新绩效关系中的间接效应的95%置信区间为［0.109，0.273］，不包括0，说明在高外部组织协同情况下，外部知识共享的中介作用显著。当企业外部组织协同程度低时，外部知识共享在战略互信度与技术创新绩效关系中的间接效应的95%置信区间为［-0.049，0.100］，包括0，说明低外部组织协同情况下，外部知识共享的中介作用不显著。两类情况下外部知识共享中介作用差异性的95%置信区间为［0.033，0.153］，不包括0，说明存在被调节的中介作用。同样地，当企业外部组织协同程度高时，外部知识共享在合作沟通与技术创新绩效关系中的间接效应的95%置信区间是［0.112，0.316］。当外部组织协同程度低时，外部知识共享在合作沟通与技术创新绩效关系中的间接效应的95%置信区间是［-0.043，0.126］，两类情况下中介作用差异性的95%置信区间为［0.029，0.173］，说明被调节的中介作用存在。高外部组织协同提高企业对外部知识的吸收和利用，此时知识共享的中介作用显著；当外部组织协同程度低时，企业之间的交流互动可能无法有效地实施，知识向创新的转化的速度无法保证，这些可能是知识共享无法发挥中介作用的原因。由此，假设H5-6得到验证，外部组织协同程度越高，外部知识共享在外部战略共识与技术创新绩效间的中介作用越强。

本章采用简单斜率法进行分析，并绘制调节效应图，以更加直观地显示外部组织协同的调节作用。首先，以外部组织协同为变量，计算每一样本数据在各测项上的平均分数，用SPSS 22.0中的K-均值聚类程序对这些数据进行聚类分析，得到两类样本，分别表示高外部组织协同和低外部组织协同，并对两类情况下外部战略共识与外部知识共享的关系进行描绘，结果见图5-2和图5-3。如图5-2所示，当外部组织协同程度较高时，战略互信度和外部知识共享的回归斜率为0.280（$p<0.001$）；当外部组织协同程度较低时，战略互信度和外部知识共享的回归斜率为0.120（$p>0.1$），表明相对于低外部组织协同，高外部组织协同对战略互信度与外部知识共享关系的影响更大。同样地，如图5-3所示，当外部组织协同程度较高时，合作沟通和外部知识共享的回归斜率为0.292（$p<0.001$）；当外部组织协同程度较低时，合作沟通和外部知识共享的回归斜率为0.188（$p<0.1$），相对于低外部组织协同，高外部组织协同对合作沟通与外部知识共享关系的影响更大。

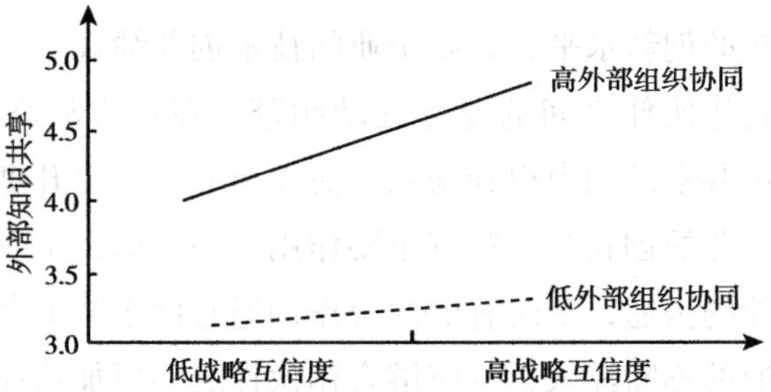

图5-2　外部组织协同对战略互信度与外部知识共享关系的调节效应

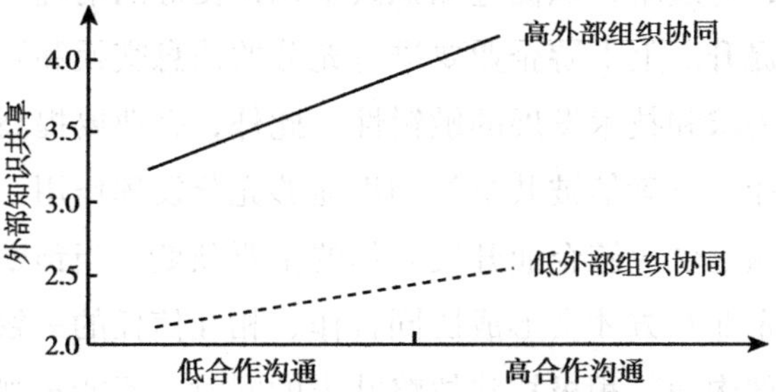

图5-3　外部组织协同对合作沟通与外部知识共享关系的调节效应

5.5　总结与管理启示

供应链合作伙伴是企业的主要外部合作对象，与供应链合作伙伴建立战略共识对技术创新绩效的提高有重要作用。本章利用调研数据，进行假设检验。研究结果表明，外部战略共识（战略互信度和合作沟通）对外部知识共享、技术创新绩效有显著的促进作用，外部知识共享在外部战略共识与技术创新绩效的关系中起部分中介作用，外部组织协同正向调节外部战略共识与外部知识共享的关系，并正向调节外部知识共享在外部战略共识与技术创新绩效间的中介作用。从组织外部视角看，外部战略共识、知识共享、组织协同都对技术创新绩效有促进作用。企业在管理实践中，要注重与供应链合作伙伴的沟通与协同，达成战略共识，通过外部知识共享推动企业自身以及整个供应链的创新水平，提高企业的技术创新绩效。

供应链合作伙伴之间的业务互动频繁，在达成战略共识的前提下，双方知识共享的动力得到增强，而知识共享对提升供应链整体竞争力和成员企业的创新绩效都有重要作用。一方面，企业要加强与供应链合作伙伴的沟通，及时有效的合作沟通有助于减少合作的不确定性。随着沟通的不断深入，供应链合作伙伴之间更加信任，合作更加密切，双方可能达成更高程度的战略共识。另一方面，企业要做好外部组织协同，为战略共识促进知识共享创设良好的情境，以实现技术创新绩效的提升。上下游企业要进行充分的信息交换和知识交流，以保持对市场需求和技术发展的敏锐性。此外，企业要提高自身的知识利用水平，让对方确信被共享的知识能够充分发挥作用，创造商业价值。互惠共赢是供应链企业开展合作的主要预期，当预期合作能够带来回报时，企业双方才会形成协同合作、相互信任的一致性认知。企业在关注外部沟通，积极构建战略共识的同时，不能忽视自身能力的提高，要注重内外部的同步发展。

协同视阈下战略共识
对企业技术创新
绩效的影响研究
Chapter 6

第6章 内外部因素联动效应影响技术创新绩效的定性比较分析

6.1 问题提出

创新是企业发展的不竭动力，持续优化的创新环境不断激发创新主体的活力，营造浓郁的创新氛围。通过回顾相关文献，本书发现影响企业创新绩效的因素可以分为内部因素和外部因素两大类，其中内部因素关注企业本身及企业成员的特征对创新绩效的影响，如企业文化、内部治理、企业家能力等；外部因素关注企业外部的政策制度、创新网络、关系资本等对创新绩效的作用。事实上，企业技术创新绩效的提升不仅要依靠企业内部的有效治理和创新能力提升，同时也离不开创新环境的优化、合作伙伴的分享支持。现有研究充分肯定了企业内部因素（李云梅和徐惠，2018；徐蕾和李明贝，2019）、外部因素（岳鹄等，2018；刘芸等，2019）以及内外部两个方面因素（周江华等，2019）对创新的重要作用，但是没有深入探讨内外部力量如何协同联动。创新是一个受企业内外部因素相互联动影响的复杂过程，亟须采用多元、整体的视角来审视技术创新绩效的提升机制。

前面的分析表明，企业积极做好内外部协调沟通，在内部形成战略共识、与供应链合作伙伴达成战略共识对促进内外部知识共享、提升技术创新绩效有重要作用。通过演化博弈结果分析，内外部战略共识程度较高时，更有利于形成共赢的良好局面。在动态复杂的经济环境中，企业既需要依赖组织内部的创新力量，也需要通过外部合作以提高创新绩效。广泛创新主体和利益相关者构成协同创新体系，使知识集聚不仅发生在某个创新主体或组织内部，而且跨越了组织和区域边界，产生更大的创新活力。由于内部知识的外化以及规模化成长阶段所实现的知识转移与共享，对知识增值起着显著的推动作用，知识增值通过协同创新机制最大限度地转化为资本的价值（陈劲，

2012）。企业的内部创新系统和外部创新系统之间是相互影响的，内外部创新系统的协同联动更有利于推动创新的发展。在不确定性日益增加的经济环境下，研究企业如何促进内外部协同联动以实现知识的积累和创造，达到技术创新绩效提升的整体效应，不仅能够帮助企业理解战略共识影响技术创新绩效的作用机制，而且能为企业提升技术创新绩效提供替代性或互补性的解决方案。

6.2 模型构建与研究方法选择

随着经济环境的不断变化和知识经济的日益发展，创新过程变得越来越复杂，企业创新所需要的知识也变得更加异质化、多元化。这些知识不仅来自研发、销售、生产等企业内部各个部门及其员工，还可能来自供应商、客户等外部渠道的创新利益相关者（李王芳，2014）。在内部战略共识的驱动下，员工通过各种渠道进行知识搜集，并且更多地向他人贡献自有知识，这既增加员工自身知识储备，也使企业的知识资源更加丰富。丰富的知识资源不仅增强企业学习和吸收新知识的能力，而且提高企业对外交流的知识表达能力。在外部战略共识的驱动下，企业与供应链合作伙伴开展更多的创新合作，彼此接触新知识的机会都更多，进而通过借鉴对方的先进技术促进企业自身和供应链整体创新水平。企业自身的内部知识共享和外部合作主体之间的良性互动对技术创新绩效有重要作用。其实，无论是内部创新源还是外部创新源，在本质上都是知识的流动，当知识流入与流出达到动态平衡，并且知识共享带来的创新收益超过成本时，创新绩效得到提升（Bruno and Giovanni，2016）。

虽然内外部战略共识、知识共享等各种因素对技术创新绩效均有其“净效应”，然而内外部各影响因素的互动可能还存在替代作用或互补作用。现有研究忽视了内外部多重因素并发的协同效应，关于企业内部力量和外部联系两个方面如何协同影响创新的研究尚不多见。揭示内外部战略共识、知识共享、组织协同等多种因素的"联合效应"和"互动关系"，有助于企业充分理解战略共识影响技术创新绩效的复杂性关系，以寻求有效促进知识共享、提升技术创新绩效的驱动机制。鉴于此，本书拟进一步整合企业内外部两个方面的战略共识等前因条件，来探讨不同企业技术创新绩效差异的多重并发路径和复杂的因果机制。为了回答企业内部和外部两个方面的战略、知识、组织等因素之间如何协同联动，能够提升企业技术创新绩效，本书构建如图 6－1 所示的技术创新绩效驱动机制模型。其中，企业内部的影响因素包括内部战略共识、内部知识共享和内部组织协同，企业外部的影响因素包括外部战略共识、外部知识共享和外部组织协同，各影响因素已经在前面的研究中进行阐述，本章不再赘述。

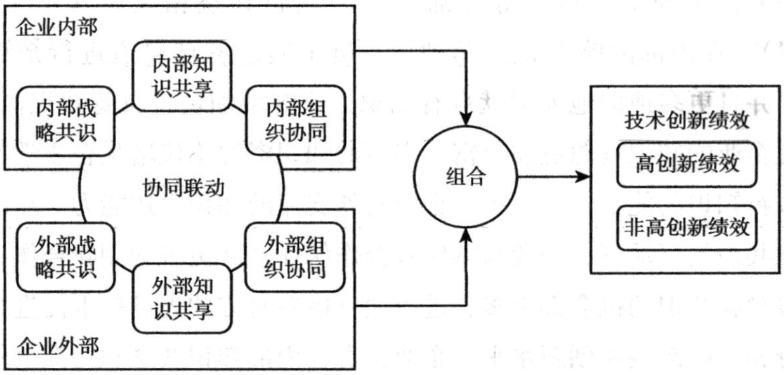

图 6－1　技术创新绩效驱动机制模型

如果从内外部因素共同作用的角度探讨创新绩效的提升，这种因果复杂性将无法通过传统的线性模型完全解释（Fiss，2011）。传统统计技术通过控制其他因素，以分析单个自变量对因变量的边际"净效应"，或通过使用调节变量尝试研究各因素的组态效应，但是对于三个以上的交互变量往往难以解释（杜运周和贾良定，2017），也无法明确内外部因素之间的互动关系对技术创新绩效的作用。定性比较分析（QCA）通过识别导致相同结果的不同前因条件组合，可以实现对多重并发因果关系的评估（Roig – Tierno et al.，2016），这种方法不局限于对最好的单一因果模型的拟合，而是更关注条件组态与结果间复杂的因果关系，有助于发现具有等效性的不同组态（杜运周和贾良定，2017）。传统的数据分析方法与定性比较分析具有一定的互补性（Mikalef and Pateli，2017），Gelhard 等（2016）、吴超（2018）等学者在研究中就同时使用了两种方法。在第4 章和第5 章，本书使用回归分析，分别从内部和外部视角讨论战略共识影响企业技术创新绩效的因果路径。在此基础上，本章将使用定性比较分析方法，进一步探讨战略、知识、组织因素联动对技术创新绩效产生的影响。

定性比较分析（QCA）由美国社会学家 Ragin 在 20 世纪 80 年代提出，是一种基于案例的研究方法，同时由于它基于计算机的算法，可能处理大量的案例，为跨案例分析提供了一套强大的分析工具。QCA 以集合论和组态比较为方法基础，将社会现象看成属性的复杂组合，并按照集合关系将其概念化。这种方法采取整体和系统的分析思路，放松主流统计学关于变量间相互独立、因果对称性等假设，拓展了因果关系的分析框架。因而，QCA 是一种超越定性与定量研究的新方法（Rihoux and Ragin，2017）。根据变量类型不同，QCA 方法分为清晰集定性比较分析法、多值集定性比较分析法和模糊集定性比较分析法。其中，模糊集定性比较分析法（fsQCA）使用基于模糊集数据构建真值表的技术，模糊集具有定性和定量的双重属性。正因为如此，fsQCA 具有更大的优势，近年来在管理学科等各个领域得到了广泛的运用（Dwivedi et al.，2018；闫佳祺等，2018；张明等，2019）。内外部战略共识、知识共享和组织协同等因素的组合怎样能够尽最大限度地提升技术创新绩效，需要结合调研数据，通过 QCA 方法进一步探索。本章拟采用 fsQCA 方法分析上述因素的联动效应，以及因素之间的互动关系，以揭示企业技术创新绩效的促进因素和推动力量。

6.3 定性比较分析

6.3.1 样本和数据

研究数据与第4章、第5章相同，主要借鉴国内外现有文献已使用过的成熟量表，结合本书的研究内容，使用测量量表对内外部战略共识等变量进行测量。对于国外量表采用了严格的“翻译——回译”程序，保证量表具有良好的内容效度。在第4章、第5章的研究过程中，本书已经对研究数据的信度和效度进行检验，检验结果表明，研究数据具有良好的信度和效度。

6.3.2 变量的校准

进行模糊集定性比较分析（fsQCA）时，首先要对变量进行校准。校准是指在考虑案例间差异的基础上，对案例赋予集合隶属的过程（杜运周和贾良定，2017）。把变量校准为集合隶属要求选择校准标准，通常需要使用理论和实际知识设定三个锚点：完全隶属、完全不隶属和交叉点，校准后的集合隶属在0～1之间。借鉴Fiss（2011）、易明等（2018）、程建青等（2019）的做法，本章将6个条件变量与结果变量高创新绩效的三个锚点（临界值）分别设定为样本数据的上四分位数，上、下四分位数的均值，下四分位数。而非高创新绩效的校准锚点与高创新绩效相反，正好取高创新绩效的非集。各变量的校准锚点如表6－1所示。

表6-1 各变量校准锚点

研究变量			目标集合	锚点		
				完全隶属	交叉点	完全不隶属
条件变量	企业内部	内部战略共识	高内部战略共识	4.40	3.65	2.90
		内部知识共享	高内部知识共享	4.13	3.26	2.40
		内部组织协同	高内部组织协同	4.50	3.50	2.50
	企业外部	外部战略共识	高外部战略共识	4.29	3.88	3.46
		外部知识共享	高外部知识共享	4.50	3.96	3.42
		外部组织协同	高外部组织协同	4.00	3.38	2.75
结果变量	技术创新绩效		高创新绩效	4.00	3.10	2.20
			非高创新绩效	2.20	3.10	4.00

6.3.3 单因素的必要性分析

在进行模糊集真值表程序分析之前，单因素的必要性检验是有用的（Rihoux and Ragin，2017）。如果某个条件在结果发生时总是存在，则认为该条件为结果的必要条件（Ragin，2008）。必要条件分析就是为了检验某个条件集合是否为结果集合的一个超集。一般而言，当一致性水平高于0.9时，该条件被认为是结果的必要条件（Ragin，2008；Schneider and Wagemann，2012），必要条件经常被简约解消除（Rihoux and Ragin，2017）。表6-2是使用fsQCA3.0软件进行的技术创新绩效单个条件的必要性分析。

表6-2 创新绩效单个条件的必要性分析

条件变量		高创新绩效		非高创新绩效	
		一致性	覆盖度	一致性	覆盖度
企业内部	内部战略共识	0.763	0.667	0.471	0.401
	~内部战略共识	0.314	0.379	0.609	0.714
	内部知识共享	0.813	0.755	0.366	0.331
	~内部知识共享	0.280	0.312	0.729	0.792

续表

	条件变量	高创新绩效		非高创新绩效	
		一致性	覆盖度	一致性	覆盖度
企业内部	内部组织协同	0.710	0.664	0.464	0.422
	~内部组织协同	0.382	0.423	0.631	0.679
企业外部	外部战略共识	0.679	0.728	0.336	0.350
	~外部战略共识	0.393	0.378	0.739	0.692
	外部知识共享	0.776	0.743	0.373	0.348
	~外部知识共享	0.319	0.343	0.724	0.759
	外部组织协同	0.684	0.677	0.438	0.423
	~外部组织协同	0.417	0.432	0.665	0.672

由表6-2可知，单个条件影响高创新绩效或非高创新绩效的必要性均不超过0.9，不构成必要条件。这意味着单个前因条件对技术创新绩效的解释力较弱，各个单项条件变量并非能够取得高创新绩效的必要条件。因此，本章在模糊集定性比较分析时将纳入所有条件变量，并进一步探索产生高、非高创新绩效的不同组态。

6.3.4 组态的充分性分析

与单因素的必要性分析不同，组态的充分性分析尝试发现多个条件变量的组态是否为结果产生的充分性条件，即分析多个前因条件不同组合方式的组态是否构成结果集合（高、非高创新绩效）的子集。

（1）真值表构建。

各条件变量经过校准后，均以0~1之间的某个数的形式存在，由于本章有6个条件变量，因此得到2^6行（即64行）的初始真值表。一般通过设定一致性和频数两项门槛值进行真值表精简。一致性阈值的设定将样本案例中与集合逻辑关系的一致性水平低于阈值的因素组合剔除；频数阈值将出现频率低于该阈值的因素组合剔除。一般认为，认定充分性的一致性阈值不低于0.75（Schneider and Wagemann，2012）。学者们往往根据研究情境设定不同的一致性水平，例如，唐鹏程和杨树旺（2016）采用0.75的一致性阈值，吕峰等（2018）采用0.8的一致性阈值。本章根据Fiss（2011）的建议，将一致性阈值设置为0.8，同时根据杜运周和贾良定（2017）的建议，将PRI一致性阈值设置为0.7。

对于频数阈值的设定，基本的原则是至少保证75%的样本被保留（Ragin，2014）。对于不同的样本规模，频数阈值有所不同：中小样本的频数阈值一般为1，大样本的频数阈值应大于1；同时，需要考虑真值表中的案例分布和研究者的案例熟悉程度（张明等，2019）。基于以上原则，考虑到本书的研究样本数量较大，为确保每个组合具有充足的实例可以保证它们与结果的子集合关系的合理性，并且选择的构型需要占据总样本至少75%，本章将频数阈值设定为5。

本章使用fsQCA3.0软件对283个样本的案例数据进行分析，构建传统的布尔代数真值表，然后使用它来解释因果复杂性。构建的真值表如表6-3所示，最终保留87个高创新绩效的案例、153个非高创新绩效的案例，用以进一步识别决定高创新绩效和非高创新绩效的组态。

表6-3　真值表（组态频率>5）

内部战略共识	内部知识共享	内部组织协同	外部战略共识	外部知识共享	外部组织协同	案例数	技术创新绩效
1	1	1	1	1	1	53	1
1	1	1	1	1	0	7	1
1	1	0	1	1	1	6	1
1	1	1	0	1	0	5	1
1	1	1	0	1	1	16	1
1	1	0	1	1	0	13	0
0	1	1	0	1	0	5	0
0	1	1	0	1	1	11	0

续表

内部战略共识	内部知识共享	内部组织协同	外部战略共识	外部知识共享	外部组织协同	案例数	技术创新绩效
1	0	0	1	0	1	5	0
1	0	1	0	1	1	6	0
1	0	1	1	0	1	9	0
1	0	1	0	0	0	5	0
0	0	0	0	0	1	8	0
0	1	0	0	1	0	9	0
0	0	1	0	0	1	16	0
1	1	0	0	1	0	11	0
0	0	1	0	0	0	7	0
0	0	0	0	1	0	6	0
1	0	0	1	0	0	12	0
1	0	0	0	0	0	5	0
0	0	0	0	0	0	25	0

（2）布尔最小化。

由于真值表中没有出现矛盾组态（即同时出现结果为0和1两种情况的组态），不需要解决矛盾组态，因此本章直接进行布尔最小化，以简化组合。

对于六个条件变量与技术创新绩效之间的关系，现有研究尚未形成一致的结论，本章难以进行明确的反事实分析。因此，在获得中间解的步骤，本章未对六个条件可能提升技术创新绩效的状态进行设定，选择“存在或者缺失”。模糊集定性比较分析会输出三类解：复杂解、简约解和中间解，一般认为，中间解优于复杂解和简约解（Rihoux and Ragin，2017），现有研究主要汇报中间解（Fiss，2011；程建青等，2019），并辅以简约解。同现有研究一致，本章汇报中间解，并通过简约解和中间解的比较区分核心条件和辅助条件，具体见表6－4。

表6-4　　　产生高、非高创新绩效的组态

条件变量	高创新绩效		非高创新绩效		
	1	2	N1	N2a	N2b
内部战略共识	●	●	⊗	⊗	●
内部知识共享	●	●	⊗	⊗	⊗
内部组织协同	●			⊗	⊗
外部战略共识		●	⊗	⊗	
外部知识共享	●	●	⊗		⊗
外部组织协同		●		⊗	⊗
一致性	0.915	0.945	0.826	0.867	0.867
原始覆盖度	0.515	0.434	0.429	0.267	0.196
唯一覆盖度	0.128	0.047	0.182	0.020	0.092
总体解的一致性	0.913		0.823		
总体解的覆盖度	0.562		0.541		

参照Fiss（2011）的呈现方式，本章用●表示该条件出现，用⊗表示该条件不出现，空格表示该条件可以出现或不出现。其中，大圆表示核心条件，即同时出现在简约解和中间解的条件；小圆表示辅助条件，即仅存在于中间解的条件。

表6-4结果显示，可以有多种条件组合导致同一个结果。具体地，有2个产生高创新绩效的组态，这2个组态的一致性水平分别为0.915、0.945，都在0.8以上，说明2个组态都是高创新绩效的充分条件。并且，总体解的一致性为0.913(≥0.80)，进一步说明这2个组态是高创新绩效的充分条件。总体解的覆盖度为0.562，说明2个组态解释了观察案例中大部分的高创新绩效。同时，fsQCA得出3个产生非高创新绩效的组态，其中，组合N2a和N2b来自同一简约解。此外，由表6-4可见，产生非高创新绩效组态的单个解和总体解的一致性水平都在0.8以上，说明3个组态是非高创新绩效的充分条件；总体解的覆盖度为0.541，说明3个组态解释了观察案例中大部分的非高创新绩效。

6.4 结果讨论

6.4.1 高创新绩效的驱动机制分析

由模糊集定性比较分析可知，有两种组合方式能够产生高技术创新绩效。鉴于各组态均涉及内部战略共识、内部知识共享和外部知识共享等，为了更好地比较不同组态在外部战略共识、组织协同方面的差异，本章归纳出两种促进技术创新绩效的组态（路径），具体如下：

（1）内部组织协同主导型。组态1：内部战略共识×内部知识共享×内部组织协同×外部知识共享。其中，内部战略共识、内部知识共享和内部组织协同发挥了核心作用，而外部知识共享发挥了辅助性作用。高内部战略共识、高内外部知识共享与良好的内部组织协同的联动匹配。该路径结果显示，企业内部形成战略共识、做好内部组织协同，并且注重进行内外部知识分享，企业能够取得良好的技术创新绩效。这表明无论企业是否与合作伙伴形成战略共识、进行外部组织协同，在内部形成战略共识、做好内部组织协同，并且积极进行内外部知识共享的企业能够取得高技术创新绩效。从企业角度来看，基于企业能力观，企业需要致力于自身创新能力的提高，提高全体成员的战略共识，促进员工积极进行知识收集和知识贡献，并且做好内部组织协同、畅通知识共享渠道，同时要注重内外部知识的交互，以获得良好的技术创新绩效。

（2）外部战略共识——外部组织协同主导型。组态2：内部战略共识×内部知识共享×外部战略共识×外部知识共享×外部组织协同。其中，内部战略共识、内部知识共享、外部组织协同发挥了核心作用，而外部战略共识和外部知识共享发挥了辅助性作用。高内部战略共识、高内外部知识共享、高外部战略共识与高外部组织协同的联动匹配。该路径结果显示，企业内部形成战略共识，进行企业内部和外部知识共享，并且在企业之间达成战略共识、做好外部组织协同，企业能够取得良好的技术创新绩效。这表明无论内部组织协同程度如何，在内部形成战略共识，并且积极进行内外部知识共享，与合作伙伴达成战略共识、实施外部组织协同的企业能够取得高技术创新绩效。从企业角度来看，基于网络观，企业需要致力于与合作伙伴达成战略共识，进行创新合作，以获取供应链上下游企业的知识、技术等创新资源，提升技术创新绩效。

通过对比两个组态发现，内部组织协同、外部战略共识与外部组织协同存在互补作用，即如果企业内部形成战略共识，并且做好内外部知识共享的前提下，企业内部组织协同程度较高，或者同时满足外部战略共识与外部组织协同这 2 个条件，都可以实现高的技术创新绩效。即企业要实现高技术创新绩效，可以关注内部组织协同水平，建立信息流、物理流畅通的综合系统，提高企业各部门对其他部门需求的响应能力；也可以重视外部战略共识的建立和外部组织协同水平的提升，与供应链伙伴进行充分、及时的沟通，共享信息，进行联合规划和预测。这说明组态 1 中的内部组织协同和组态 2 中的外部战略共识、外部组织协同不需要同时存在，便可与组态 1 和组态 2 中的另外三个条件一起导致结果的产生。这与实践中部分企业更专注于修炼内功、部分企业更热衷于外部联系，但是在一定的条件下两者都可能取得良好的技术创新绩效的实际相符。

6.4.2　非高技术创新绩效的驱动机制分析

组态分析还有助于回答因果非对称性问题（杜运周和贾良定，2017），即产生高创新绩效的条件组合与非高创新绩效的条件组合不同。鉴于需要不同的条件组合分别对某个结果是否出现进行解释

(Rihoux and Ragin，2017)，本章进一步分析了导致非高创新绩效的组态，以更全面深入地探讨技术创新绩效的驱动机制。

(1) 组态 N1：内部战略共识×内部知识共享×外部战略共识×外部知识共享。该路径结果表明，无论内外部组织协同程度如何，倘若企业内部缺乏战略共识、与合作伙伴也缺乏战略共识，且不进行内外部知识共享时，企业就无法取得高技术创新绩效。其中，内部战略共识、内部知识共享的缺失起核心作用，与合作伙伴的战略共识、外部知识共享的缺失起辅助作用。可能的原因是，知识是创新的核心，但是创新需要的所有知识又难以被单个个体甚至单个企业全部掌握，而知识共享行为在一定程度上又受到认知的影响。当内部战略共识缺失时，员工对企业战略缺乏一致性认知，员工主动与其他成员交流的积极性较低；当外部战略共识缺失时，供应链合作伙伴之间的知识共享不充分；而知识是重要的创新资源，知识共享不足对技术创新绩效产生消极作用。因此，在战略共识、知识共享缺失的情况下，技术创新绩效不高。

(2) 组态 N2a：内部战略共识×内部知识共享×内部组织协同×外部战略共识×外部组织协同，表明无论企业是否进行外部知识共享，在其他5个条件缺失的情况下，企业无法取得高创新绩效。组态N2b：内部战略共识×内部知识共享×内部组织协同×外部知识共享×外部组织协同，表明无论企业是否与合作伙伴达成战略共识，当内外部知识共享和内部组织协同的缺失时，即使内部战略共识程度高，企业也不能实现高创新绩效。通过比较组态 N2a 和组态 N2b 发现，当内部知识共享、内部组织协同、外部组织协同缺失时，如果企业内部没有战略共识、对外也未形成战略共识，或者即使形成内部战略共识但是没有进行外部知识共享时，技术创新绩效也不高。可能的原因是，认知、行为、环境是相互作用的，认知决定主体面对外在环境刺激时做出的行为反应，由此对结果产生影响。当组织协同程度较低时，战略共识促进知识共享的作用的发挥缺乏良好的情境，企业的技术创新绩效也无法实现。此外，有的企业虽然具有战略共识，但是可能企业战略本身并没有对创新予以足够重视和考虑，这也将导致企业最终无法取得较高的技术创新绩效。

6.5　总结与管理启示

对因果复杂性的高度关注是组态思维的主要特征，因果复杂性即某个结果变量可能来自几种不同的前因条件组合（Ragin，2008）。基于第 4 章、第 5 章的样本数据，本章运用模糊集定性比较分析法，分析内外部多个因素协同联动对企业技术创新绩效的影响，讨论了内部战略共识、外部战略共识、内部知识共享、外部知识共享、内部组织协同、外部组织协同等因素的组态对技术创新绩效的作用。研究发现，两种促进企业技术创新绩效的组态：组态 1（内部战略共识 × 内部知识共享 × 内部组织协同 × 外部知识共享）和组态 2（内部战略共识 × 内部知识共享 × 外部战略共识 × 外部知识共享 × 外部组织协同），即企业在内部形成战略共识，并且做好内外部知识共享的前提下，企业内部组织协同程度较高，或者同时满足外部战略共识与外部组织协同这两个条件，都可以产生高的创新绩效。非高创新绩效的组态表明，当企业内部缺乏战略共识、与合作伙伴缺乏战略共识，且不进行内外部知识共享时，企业就无法取得高创新绩效；当内部知识共享、内部组织协同、外部组织协同的缺失时，如果企业内外部都未形成战略共识，或者即使形成内部战略共识但是没有进行知识共享，技术创新绩效也不高。

企业既要提高内部协同能力，促进组织成员之间更多地开展知识共享，也要具备外部协同能力，积极地进行外部知识共享，这样才能够在快速变化的经济环境中不断提升创新能力，实现企业技术创新绩效的提升。随着技术变革的不断加速，企业面对的竞争压力日益加剧，因而企业在提升自身知识储备的过程中，需要不断地与供应链合作伙伴进行知识交互，以保证创新活动的持续进行。知识共享促进知识在不同个体和不同企业之间的流动，使知识更好地发挥其价值。内部知识共享有助于个体知识在组织层面的有效利用，这可以提高企业自身能力，也为企业更好地进行外部知识共享奠定了基础。只有本身具备一定知识的企业才有能力进行外部知识共享，知识多样性为企业吸收外部知识提供支撑。与此同时，外部知识共享有助于企业获取更多异质性知识资源，确保企业的创新能力得到进一步提高。企业既要重视内部知识共享和外部知识共享，也要努力促进内外部知识的良性互动。在知识迅速更新的时代，企业要推动内部员工战略共识和外部合作伙伴战略共识的形成，做好组织协同，为战略共识促进知识共享创设良好的情境，以利于知识资源的有效获取和利用，进而提升技术创新绩效。

第7章　研究结论与展望

7.1 研究结论

本书综合运用文献研究、演化博弈分析、调查研究、定量统计检验以及定性比较分析等方法，对内外部战略共识影响企业技术创新绩效的作用机制进行了讨论。通过系统分析内外部战略共识、知识分享、组织协同等影响因素及其组合效应对技术创新绩效的影响，基于283家高新技术企业的调研数据，本书得出的研究结论如下：

（1）从企业内部来看，内部战略共识与知识共享、技术创新绩效显著正相关，内部知识共享在内部战略共识与技术创新绩效的关系中起部分中介作用，内部组织协同正向调节战略共识与内部知识共享的关系，并且内部组织协同正向调节内部知识共享在内部战略共识与技术创新绩效间的中介作用。内部战略共识、内部知识共享和内部组织协同都是技术创新绩效的重要影响因素。具体而言，内部战略共识与技术创新绩效显著正相关，内部战略共识对内部知识共享的两个维度（知识贡献和知识收集）都具有显著的正向促进作用，知识贡献和知识收集在内部战略共识与技术创新绩效的关系起部分中介作用。内部组织协同正向调节内部战略共识与内部知识共享之间的正相关关系，在内部组织协同程度高的情境中，内部知识共享的中介作用更大。

（2）从企业外部来看，与供应链合作伙伴建立战略共识对技术创新绩效的提高有重要作用，外部战略共识对外部知识共享、技术创新绩效有显著的促进作用，外部知识共享在战略共识与技术创新绩效的关系中起部分中介作用。外部组织协同正向调节外部战略共识对外部知识共享的促进作用，并且正向调节外部知识共享在外部战略共识与技术创新绩效间的中介作用。外部战略共识、外部知识共享和外部组织协同都是技术创新绩效的重要影响因素。具体地，企业之间的合作更加注重互惠互利，外部战略共识包括战略互信度和合作沟通两个维度。战略互信度、合作沟通都与外部知识共享、技术创新绩效显著正相关。外部知识共享在外部战略共识与技术创新绩效的关系中起部分中介作用。外部组织协同正向调节外部战略共识与外部知识共享的正相关关系，在外部组织协同程度高的情境中，外部知识共享的中介作用更大。

（3）从内外部协同视角来看，多个因素的联合效应对技术创新绩效有重要影响。通过定性比较分析，本书发现两种促进企业技术创新绩效的组态：组态1（内部战略共识×内部知识共享×内部组织协同×外部知识共享）和组态2（内部战略共识×内部知识共享×外部战略共识×外部知识共享×外部组织协同），即如果企业内部形成战略共识，并且做好内外部知识共享的前提下，企业内部组织协同程度较高，或者同时具备外部战略共识与外部组织协同这两个条件，可以产生高的技术创新绩效。同时，还发现了导致非高技术创新绩效的组态，在企业缺乏内外部战略共识，又不进行内外部知识共享时，无论内外部组织协同程度如何，企业都无法取得高技术创新绩效；当内部知识共享、内部组织协同、外部组织协同缺失时，如果企业没有在内外部形成战略共识，或者即使形成内部战略共识但是缺乏内部知识共享时，企业也无法取得高技术创新绩效。

7.2 理论贡献与实践启示

7.2.1 理论贡献

通过对内外部战略共识、知识共享、组织协同与技术创新绩效的关系研究，本书对相关理论研究进行了拓展与深化，主要的理论贡献包括以下几个方面：

（1）拓展了企业内外部战略共识的内涵和外延。以往的研究中，战略共识的范围从最初的高管团队内部，向中层和基层管理者拓展，近几年的研究更是涵盖了企业全体员工，也有研究者将战略共识的范围拓展到外部的重要利益相关者。随着创新生态系统的发展，员工个性受越来越多的关注，单纯的物质激励无法对员工实施有效驱动。员工对企业战略的理解和认同成为促进他们工作投入的重要驱动力量，进而提升他们的工作主动性和创造性解决问题的能力。与此同时，开放合作成为互联网时代企业的重要选择，企业之间协同创新的实践越来越多，他们基于对环境的共同判断开展合作，共同推动企业创新并开拓市场。与企业内部战略共识不同，企业之间基于战略共识的合作关系，更多的是理性计算之后的选择，是在考虑企业长远利益的基础上做出的决策，彼此互信合作才可能带来双赢的结果。因此，在内部战略共识的基础上，本书借鉴已有的研究成果，探讨了供应链合作伙伴之间的外部战略共识。

（2）揭示了内外部战略共识影响企业技术创新绩效的作用机制。战略共识对于技术创新绩效的中介作用和调节作用机制的研究，能够为企业在实践中如何实现战略共识的作用进而促进技术创新绩效提供一定的指导和帮助。内外部战略共识对企业技术创新非常重要，形成战略共识能够促进员工、供应链合作伙伴等重要利益相关者之间的创新合作，提升企业的技术创新绩效。但是，许多企业并未真正理解和认识到战略共识如何影响企业创新，也没有建立起相应的结构、机制和制度，更没有形成良好的协同创新氛围。战略共识的形成需要企业家以及高管进行企业内外部沟通协调，在实现过程中往往会遇到困难和障碍，还需要花费一定的时间成本、物质成本等。因此，如果企业不理解战略共识对技术创新绩效的影响机理，就不会坚持促成各利益相关方达成战略共识，也就无法获得战略共识所带来的切实利益。本书将内外部知识共享作为中介变量、内外部组织协同作为调节变量，纳入战略共识影响技术创新绩效的作用机制分析中，在战略共识、知识共享、组织协同和技术创新绩效之间建立起一个整体联系，帮助企业家认识战略共识在促进企业创新活动及提升技术创新绩效中的作用。

（3）从协同视角探讨内外部影响因素的组态对企业技术创新绩效的影响路径及条件。本书突破传统定量分析的限制，将多个因素纳入同一研究框架，运用定性比较分析方法，从内外部战略共识、内外部知识共享、内外部组织协同等变量的组合效应出发，讨论导致企业高技术创新绩效和非高技术创新绩效的驱动机制。在开放式经济时代，创新资源跨越组织边界，释放出创新活力，内外部影响因素的协同联动作用于技术创新绩效。本书的研究发现了两条促进技术创新绩效的路径，并且进一步分析了导致非高创新绩效的组态。研究结果发现，产生高创新绩效的组态和非高创新绩效的组态不同。定性比较分析对因果复杂性和因果非对称性的讨论，也在一定程度上解释了为什么有的企业更关注自身能力提升，而有的企业更热衷于资源外求，而且在一定的条件下两者都取得了良好的技术创新绩效。本书的发现能够帮助企业更全面深入地认识内外部影响因素的互动关系。

7.2.2 实践启示

（1）企业要加强组织内部沟通，促进内部战略共识的形成，并且做好内部组织协同，为内部战略共识促进内部知识共享、提高技术创新绩效创设良好的情境。员工对企业战略的认同促进其积极执行战略，有助于企业战略目标的实现。高管可以通过多种形式展示和传递企业战略，与员工分享组织目标、共享价值理念，进而提升他们对企业创新战略的认同感和工作使命感。内部战略共识不仅降低知识共享壁垒，而且可以在组织成员之间建立明确和默契的协调规则。在内部组织协同良好的情境下，员工对创新战略的共同认知促进其知识共享行为，推动创新活动的有效开展，进而提升企业的技术创新绩效。因此，企业有必要营造出一种开放合作的组织氛围，在企业内部各职能部门建立综合系统，提高内部组织协同程度，使知识共享渠道保持畅通。同时重视物质激励和精神激励的共同作用，完善激励机制，确保内部战略共识能够有效促进内部知识共享，以实现战略共识对技术创新绩效的提升作用。

（2）企业要积极整合外部资源，与供应链合作伙伴建立战略共识。当供应链合作伙伴之间对协同合作和相互信任形成一致性认知时，企业间的协作有效性得到提高。企业要与供应链合作伙伴共同努力，构建稳定的沟通机制，使用多样化的沟通方式提高沟通频率、降低沟通成本。在选择合作伙伴前通过信用评估、战略商谈等寻求以长远为目标的合作伙伴，以提高战略互信度。同时，外部战略共识通过促进知识共享，可以更有效地提升技术创新绩效。因此，企业要积极进行外部组织协同，与合作伙伴进行联合规划和预测，邀请他们参与产品开发过程，为知识在不同企业之间的流动提供便利，为外部战略共识促进外部知识共享、提高企业技术创新绩效创造良好的条件和情境。同时，企业要警惕达成战略共识的个别利益相关方可能出现"搭便车"、没有充分共享自己的知识但充分享受战略合作方的知识等机会主义倾向。在签订战略合作协议时，企业需要尽量考虑周全，以免由于后期出现机会主义而导致技术创新绩效的下降。

（3）企业要努力促进内外部知识共享的良性互动，高度重视知识在创新中的作用。一方面，内部知识共享有利于知识在企业内部的自由流动，促进个体知识在组织层面发挥作用。企业要积极促进内部知识共享，增加企业知识存量，提高知识的利用价值。另一方面，外部知识共享能够提高企业知识的丰富性，企业要做好外部知识共享，及时搜索市场、技术等方面的最新知识。定性比较分析的结果显示，内部知识共享和外部知识共享的存在同时出现在产生高技术创新绩效的组态中，而内外部知识共享的缺失同时出现在产生非高技术创新绩效的组态中。企业应在分别促进内部知识共享和外部知识共享的基础上，关注内外部知识共享的相互作用，使企业的知识增长呈良性循环状态。

7.3 研究不足与展望

影响企业技术创新绩效的因素有很多，在问卷调查、文献分析和理论推演的基础上，本书将战略共识作为影响企业技术创新绩效的逻辑起点，分析了内外部战略共识对企业技术创新绩效的作用机理，并获得了比较丰富的研究结论。但是，本书仍然存在一些不足之处，需要在未来的研究中进一步探索：（1）战略共识对技术创新绩效的影响是一个动态变化的过程，本书采用横截面研究设计，搜集数据时存在一定的主观性，尽管相关检验表明同源偏差问题并不影响分析结果，但所获数据只是变量间的静态规律，本书的研究无法避免横截面研究的固有局限性，不能严格排除战略共识与技术创新绩效之间互为因果的内生性问题。在未来的研究中，可以收集纵向数据，通过对典型企业进行纵向案例研究，更深入地探讨内外部战略共识与企业技术创新绩效之间的动态演化关系。（2）在实证分析讨论时，本书未能对不同行业的企业进行分类考察，所得的结论多适用于一些通用性的企业管理实践，应用的针对性有限。在未来的研究中，可以针对不同行业的企业进行分类调研和研究，并结合新经济的要求，考虑技术创新绩效的属性，为企业如何在后疫情时代谋求生存和发展提出更具体的政策建议。同时，战略共识的形成本身是企业管理的重要内容，如何正确而有效地达成战略共识，还有待深入探讨。（3）本书没有采用专门的方法来识别影响技术创新绩效的关键因素。影响企业技术创新绩效的因素错综复杂，本书只讨论了其中一部分因素，由于问卷调研时的信息保护承诺，在定性比较分析时，未能结合具体案例，对导致高技术创新绩效、非高技术创新绩效的组态进行分类分析。后续的研究可以充分发挥定性比较分析法适合小样本研究的优势，从更多维的视角挖掘和分析影响技术创新绩效的诸多因素的组态效应，如考虑核心知识的异质性特征。

附录：调查问卷

第一部分　高管问卷

尊敬的女士/先生，您好！

非常感谢您在百忙之中抽出时间填写这份问卷！本问卷是用于开展学术研究而进行的一次调研，旨在调查战略共识、知识共享等对技术创新绩效的影响。我们保证所有问题均不涉及贵公司的商业机密和技术秘密，此次调查采集的所有信息仅用于学术研究。问卷采用匿名调查方式，同时我们承诺将对您所提供的信息保密，答案没有对错，请您放心并尽可能客观完整地填写问卷。您的参与对我们的研究非常重要，希望能够得到您的帮助，衷心感谢您的支持！祝您工作顺利、万事如意！祝贵公司业务蒸蒸日上！

（一）基本情况调查

以下问题是关于您和企业的基本情况，请在相应选项后打“√”。

1. 您的性别是：

□男　□女

2. 您的年龄是：

□30 岁以下　□30～39 岁　□40～49 岁　□50 岁及以上

3. 您的最高学历是：

□大专及以下　□本科　□硕士　□博士及以上

4. 您在贵公司的工作年限：

□2 年以下　□2～5 年　□6～10 年　□10 年以上

5. 贵公司的企业性质属于：

□国有企业　□民营企业　□其他

6. 贵公司员工人数：

□100 人及以下　□101～300 人　□301～1000 人　□1000 人以上

7. 贵公司所在行业属于：

□化工纺织　□机械制造　□电子通信　□新能源和新材料　□其他

8. 贵公司成立时间：________

9. 贵公司研发人员数量：________

（二）以下题项是关于贵公司与供应链合作伙伴战略共识、知识共享等方面的问题，请根据近三年的实际情况和您的真实感受，选择一个合适的数字（用“√”来选择：1 完全不同意；2 不同意；3 一般；4 同意；5 完全同意）

外部战略共识	完全不同意←→完全同意				
本单位与供应链伙伴都可能通过欺骗对方获得利益	1	2	3	4	5
在遵守战略合作协议方面，供应链企业之间可以相互信任	1	2	3	4	5
本单位相信合作伙伴能够信守承诺	1	2	3	4	5
在各种活动中，本单位得到合作伙伴的信任	1	2	3	4	5
面对环境的变化，本单位与供应链伙伴会及时沟通	1	2	3	4	5
本单位与供应链伙伴之间经常进行交流	1	2	3	4	5
本单位与供应链伙伴之间沟通充分*	1	2	3	4	5
本单位与供应链伙伴之间的沟通渠道畅通	1	2	3	4	5

外部知识共享	完全不同意←→完全同意				
与供应链合作伙伴交流很多产品技术相关的知识	1	2	3	4	5
与供应链合作伙伴交流很多生产流程相关的知识	1	2	3	4	5
与合作伙伴交流很多物流采购相关的知识	1	2	3	4	5
与供应链合作伙伴时常交流一些管理经验	1	2	3	4	5
与供应链合作伙伴交流很多市场营销知识	1	2	3	4	5

续表

外部知识共享	完全不同意←→完全同意				
与供应链合作伙伴交流本行业最新发展信息	1	2	3	4	5
与合作伙伴交换财务绩效等敏感信息*	1	2	3	4	5
与供应链合作伙伴交流所需的其他方面的知识*	1	2	3	4	5
外部组织协同	完全不同意←→完全同意				
通过信息技术与供应链合作伙伴共享信息	1	2	3	4	5
与供应链合作伙伴进行联合规划和预测	1	2	3	4	5
供应链合作伙伴在采购和生产过程中向我们提供信息	1	2	3	4	5
供应链合作伙伴参与企业的产品开发过程	1	2	3	4	5
内部组织协同	完全不同意←→完全同意				
企业各部门对满足其他部门需求具有高度的响应能力	1	2	3	4	5
企业在各个职能领域建立了一个综合系统	1	2	3	4	5
在企业内，我们强调采购、库存管理、销售等部门之间的信息流	1	2	3	4	5
在企业内，我们强调生产、销售和分销部门之间的物理流	1	2	3	4	5
技术创新绩效	完全不同意←→完全同意				
企业申请的专利数量明显增加	1	2	3	4	5
企业开发的新产品数量明显增加	1	2	3	4	5
新产品开发的成功率明显提高	1	2	3	4	5
向市场投放新产品的速度明显加快	1	2	3	4	5
新产品销售占销售总额的比例明显提高	1	2	3	4	5

第二部分　员工问卷

尊敬的女士/先生，您好！

非常感谢您在百忙之中抽出时间填写这份问卷！本问卷是用于开展学术研究而进行的一次调研，旨在调查战略共识、知识共享等对技术创新绩效的影响。我们保证所有问题均不涉及个人和公司机密，此次调查采集的所有信息仅用于学术研究，并且仅针对大样本进行群体性研究。问卷采用匿名调查方式，同时我们承诺将对您所提供的信息保密，答案没有对错，请您放心并尽可能客观完整地填写问卷。您的参与对我们的研究非常重要，希望能够得到您的帮助，衷心感谢您的支持！祝您工作顺利、生活幸福！

（一）基本情况调查

以下问题是关于您的基本情况，请在相应选项后打“√”。

1. 您的性别是：

□男 □女

2. 您的年龄是：

□30 岁以下 □30～39 岁 □40～49 岁 □50 岁及以上

3. 您的最高学历是：

□大专及以下 □本科 □硕士 □博士及以上

4. 您在贵公司的工作年限：

□2 年以下 □2～5 年 □6～10 年 □10 年以上

5. 您从事的工作岗位：

□管理类 □财务类 □技术类 □其他

（二）以下题项是关于战略共识、知识共享等方面的问题，请根据您的真实感受，选择一个合适的数字（用“√”来选择：1 完全不同意；2 不同意；3 一般；4 同意；5 完全同意）

内部战略共识	完全不同意←→完全同意				
我清楚企业的愿景和使命	1	2	3	4	5
在企业整体战略上，我基本能够与高管团队持一致意见	1	2	3	4	5
我的利益与企业利益基本保持一致	1	2	3	4	5
在多数日常决策事项上，我的意见与高管团队基本一致	1	2	3	4	5
高管团队会就关键岗位的用人问题听取我的意见*	1	2	3	4	5
高管团队经常就重要问题与我沟通	1	2	3	4	5
内部知识共享	完全不同意←→完全同意				
当我学到了新知识后，我会使本部门的同事也能学习到它	1	2	3	4	5
我让本部门的同事共享我所拥有的信息	1	2	3	4	5
我让本部门的同事共享我的技能	1	2	3	4	5
当我学习到新知识后，我会让部门外的同事也能学习到它	1	2	3	4	5

续表

内部知识共享	完全不同意←→完全同意				
我让部门外的同事共享我所拥有的信息	1	2	3	4	5
我让部门外的同事共享我的技能	1	2	3	4	5
当我询问本部门同事时，他们会告诉我他们所知道的	1	2	3	4	5
当我询问本部门同事时，他们会告诉我他们所掌握的技能	1	2	3	4	5
当我询问部门外的同事时，他们会告诉我他们所知道的	1	2	3	4	5
当我询问部门外的同事时，他们会告诉我他们所掌握的技能	1	2	3	4	5

参 考 文 献

1. Aguinis H. Performance management [M]. NJ: Pearson Prentice Hall. 2009.

2. Aguinis H, Boyd B K, Pierce C A, et al. Walking new avenues in management research methods and theories: Bridging micro and macro domains [J]. Journal of Management, 2011, 37 (02): 395 - 403.

3. Ahuja G, Katila R. Technological acquisitions and the innovation performance of acquiring firms: A longitudinal study [J]. Strategic Management Journal, 2001, 22 (03): 197 - 220.

4. Alavi M, Leidner D E. Knowledge management and knowledge management systems: Conceptual foundations and research issues [J]. MIS Quarterly, 2001, 25 (01): 107 - 136.

5. Alegre J, Chiva R. Linking entrepreneurial orientation and firm performance: The role of organizational learning capability and innovation performance [J]. Journal of Small Business Management, 2013, 51 (04): 491 - 507.

6. Amason A C. Distinguishing the effects of functional and dysfunctional conflict on strategic decision making: Resolving a paradox for top management teams [J]. Academy of Management Journal, 1996, 39 (01): 123 - 148.

7. Andrews K R. The concept of corporate strategy [M]. Homewood, IL: Dow Jones Irwin, 1971.

8. Ansoff H I. Corporate strategy: An analytic approach to business policy for growth and expansion [M]. New York: McGraw – Hill Company, 1965.

9. Armstrong J. S. The value of formal planning for strategic decisions: Review of empirical research [J]. Strategic Management Journal, 1982, 3 (03): 197 –211.

10. Ateş N Y, Tarakci M, Porck J P, et al. The dark side of visionary leadership in strategy implementation: Strategic alignment, strategic consensus, and commitment [J]. Journal of Management, 2020, 46 (05): 637 –665.

11. Bandura A. Social foundations of thought and action: A social cognitive theory [M]. NJ: Pearson Education, 1986.

12. Bao G, Xu B, Zhang Z. Employees' trust and their knowledge sharing and integration: The mediating roles of organizational identification and organization – based self – esteem [J]. Knowledge Management Research and Practice, 2016, 14 (03): 362 –375.

13. Barki H, Pinsonneault A. A model of organizational integration, implementation effort and performance [J]. Organization Science, 2005, 16 (02): 165 –179.

14. Barney J. Firm resources and sustained competitive advantage [J]. Journal of Management, 1991 (17): 99 –120.

15. Baron R M, Kenny D A. The moderator – mediator variable distinction in social psychological research: Conceptual, strategic, and statistical consideration [J]. Journal of Personality and Social Psychology, 1986, 51 (06): 1173 –1182.

16. Bartol K M, Srivastava A. Encouraging knowledge sharing: The role of organizational reward systems [J]. Journal of Leadership and Organizational Studies, 2002, 9 (01): 64 –76.

17. Blome C, Schoenherr T, Eckstein D. The impact of knowledge transfer and complexity on supply chain flexibility: A knowledge - based view [J]. International Journal of Production Economics, 2014, 147 (03): 307 -316.

18. Bock G W, Kim Y G. Breaking the myths of rewards: an exploratory study of attitudes about knowledge sharing [J]. Information Resource Management Journal, 2002, 15 (02): 14 -21.

19. Bogers M. The open innovation paradox: Knowledge sharing and protection in R&D collaborations [J]. European Journal of Innovation Management, 2011, 14 (01): 93 -117.

20. Boswell W. Aligning employees with the organization's strategic objectives: Out of 'line of sight', out of mind [J]. International Journal of Human Resource Management, 2006, 17 (09): 1489 -1511.

21. Bourgeois L J. Performance and consensus [J]. Strategic Management Journal, 1980, 1 (03): 227 -248.

22. Bourgeois L J. Strategic goals, perceived uncertainty, and economic performance in volatile environments [J]. Academy of Management Journal, 1985 (28): 548 -573.

23. Bruno C, Giovanni V. Open innovation: Are inbound and outbound knowledge flows really complementary [J]. Strategic Management Journal, 2016, 37 (06): 1034 -1046.

24. Cheng C C, Krumwiede D. The Role of service innovation in the market orientation: New service performance linkage [J]. Technovation, 2012, 32 (7 -8): 487 -497.

25. Chen X, Li X, Clark J G, et al. Knowledge sharing in open source software project teams: A transactive memory system perspective [J]. International Journal of Information Management, 2013 (33): 553 - 563.

26. Chen Y, Wang Y, Nevo S, et al. IT capabilities and product innovation performance: The roles of corporate entrepreneurship and competitive intensity [J]. Information and Management, 2015, 52 (06): 643 - 657.

27. Chesbrough H W. Open innovation: The new imperative for creating and profiting from technology [M]. Cambridge: Harvard Business School Press, 2003.

28. Craighead C W, Hult G T M, Ketchen D J. The effects of innovation - cost strategy, knowledge, and action in the supply chain on firm performance [J]. Journal of Operations Management, 2009, 27 (05): 405 - 421.

29. Crossan M, Apaydin M. A multi - dimensional framework of organizational innovation: A systematic review of the literature [J]. Journal of Management Studies, 2010, 47 (06): 1154 - 1191.

30. Cummings J N. Work groups, structural diversity, and knowledge sharing in a global organization [J]. Management Science, 2004, 50 (03): 352 - 364.

31. Davenport T H, Prusak L. Working knowledge: How organizations manage what they know [M]. Bosten: Harvard Business School Press, 1998.

32. Dess G G. Consensus on strategy formulation and organizational performance: Competitors in a fragmented industry [J]. Strategic Management Journal, 1987 (08): 259 - 277.

33. Dess G G, Origer N K. Environment, structure, and consensus in strategy formulation: A conceptual integration [J]. Academy of Management Review, 1987 (12): 313 - 330.

34. Dess G G, Priem R L. Consensus - performance research: Theoretical and empirical extensions [J]. Journal of Management Studies,

1995 (32): 401 -417.

35. Dooley R S, Fryxell G E, Judge W Q. Belaboring the not - so - obvious: Consensus, commitment, and strategy implementation speed and success [J]. Journal of Management, 2000, 26 (06): 1237 -1257.

36. Droge C, Jayaram J, Vickery S K. The effects of internal versus external integration practices on time - based performance and overall firm performance [J]. Journal of Operations Management, 2004, 22 (06): 557 -573.

37. Dwivedi P, Joshi A, Misangyi V F. Gender - inclusive gatekeeping: How (mostly male) predecessors influence the success of female CEOs [J]. Academy of Management Journal, 2018, 61 (02): 379 -405.

38. Dyer J H, Singh H. The relational view: Cooperative strategy and sources of interorganizational competitive advantage [J]. Academy of Management Review, 1998, 23 (04): 660 -679.

39. Edú - Valsania S, Moriano J A, Molero F. Authentic leadership and employee knowledge sharing behavior [J]. Leadershipand Organization Development Journal, 2016, 37 (04): 487 -506.

40. Edwards J R, Lambert L S. Methods for integrating moderation and mediation: A general analytical framework using moderated path analysis [J]. Psychological Methods, 2007, 12 (01): 1 -22.

41. Eriksson I V, Dickson G W. Knowledge sharing in high technology companies [C]. Americas Conference on Information Systems, 2000: 1330 -1335.

42. Estrada I, Faems D, De Faria P. Competition and product innovation performance: The role of internal knowledge sharing mechanisms and formal knowledge protection mechanisms [J]. Industrial Marketing Management, 2015, 53 (02): 56 -65.

43. Fiss P C. Building better causal theories: A fuzzy set approach to

typologies in organization research [J]. Academy of Management Journal, 2011, 54 (02): 393 -420.

44. Fleming L. Recombinant uncertainty in technological search [J]. Management Science, 2001, 47 (01): 117 -132.

45. Floyd S W, Wooldridge B. Managing strategic consensus: The foundation of effective implementation [J]. Academy of Management Executive, 1992, 6 (04): 27 -39.

46. Flynn B B, Huo B, Zhao X. The impact of supply chain integration on performance: A contingency and configuration approach [J]. Journal of Operations Management, 2010, 28 (01): 58 -71.

47. Freeman R E. Strategic management: A stakeholder approach [M]. MA: Pitman, 1984.

48. Gagnon M A, Jansen K J, Michael J H. Employee alignment with strategic change: A study of strategy supportive behavior among blue - collar employees [J]. Journal of Managerial Issues, 2008, 20 (04): 425 -443.

49. Gao J, Bernard A. An overview of knowledge sharing in new product development [J]. International Journal of Advanced Manufacturing Technology, 2018 (94): 1545 -1550.

50. Gelhard C, von Delft S, Gudergan S P. Heterogeneity in dynamic capability configurations: Equifinality and strategic performance [J]. Journal of Business Research, 2016, 69 (11): 5272 -5279.

51. Gligor D M, Holcomb M C. Antecedents and consequences of supply chain agility: Establishing the link to firm performance [J]. Journal of Business Logistics, 2012, 33 (04): 295 -308.

52. Gonzálezz - Benito J, Aguinis H, Boyd B K, et al. Coming to consensus on strategic consensus: A mediated moderation model of consensus and performance [J]. Journal of Management, 2012, 38 (06): 1685 -1714.

53. He Q, Gallear D, Ghobadian A. Knowledge transfer: The facilitating attributes in supply – chain partnerships [J]. Journal of Information Systems Management, 2011, 28 (01): 57 – 70.

54. Heavey C, Simsek Z. Distributed cognition in top management teams and organizational ambidexterity: The influence of transactive memory systems [J]. Journal of Management, 2017, 43 (03): 919 – 945.

55. Helfat C E. Evolutionary trajectories in petroleum firm R&D [J]. Management Science, 1994, 40 (12): 1720 – 1747.

56. Hendriks P. Why share knowledge? The influence of ICT on motivation for knowledge sharing [J]. Knowledge and Process Management. 1999, 6 (02): 91 – 100.

57. Henttonen K, Kianto A, Ritala P. Knowledge sharing and individual work performance: An empirical study of a public sector organisation [J]. Journal of Knowledge Management, 2016, 20 (04): 749 – 768.

58. Hernandez – Espallardo M, Sanchez – Perez M, Segovia – Lopez C. Exploitation and exploration – based innovations: The role of knowledge in inter – firm relationships with distributors [J]. Technovation, 2011, 31 (5 – 6): 203 – 215.

59. Hlupic V, Pouloudi A, Rzevski G. Towards an integrated approach to knowledge management: 'hard', 'soft' and 'abstract' issues [J]. Knowledge and Process Management, 2002, 9 (02): 90 – 102.

60. Hoegl M, Parboteeah KP. Creativity in innovative projects: How teamwork matters [J]. Journal of Engineering and Technology Management, 2007, 24 (01): 148 – 166.

61. Hooff B, Weenen F L. Committed to share: Commitment and CMC use as antecedents of knowledge sharing [J]. Knowledge and Process Management, 2004 (01): 13 – 24.

62. Hooff B, Ridder J. Knowledge sharing in context: The influence

of organizational commitment, communication climate and CMC use on knowledge sharing [J]. Journal of Knowledge Management, 2004, 8 (06): 117 -130.

63. Homburg C, Krohmer H, Workman J P. Strategic consensus and performance, the role of strategy type and market - related dynamism [J]. Strategic Management Journal, 1999, 20 (04): 339 -357.

64. Hopp C, Lukas C. A signaling perspective on partner selection in venture capital syndicates [J]. Entrepreneurship Theory and Practice, 2014, 38 (03): 635 -670.

65. Huo B, Han Z, Zhao X, et al. The impact of institutional pressures on supplier integration and financial performance: Evidence from China [J]. International Journal of Production Economics, 2013, 146 (01): 82 -94.

66. Iaquinto A L, Fredrickson J W. Top management team agreement about the strategic decision process: A test of some of its determinants and consequences [J]. Strategic Management Journal, 1997, 18 (01): 63 -75.

67. Inkpen A. C. Learning and knowledge acquisition through international strategic alliances [J]. The Academy of Management Executive, 1998, 24 (03): 114 -129.

68. Ipe M. Knowledge sharing in organizations: A conceptual framework [J]. Human Resource Development Review, 2003, 2 (04): 337 -359.

69. Itami H, Roehl T. Mobilizing invisible assets [M]. Harvard University Press, 1987.

70. Jabarzadeh Y, Sanoubar N, Vahdat A, et al. The role of shared leadership and communication in promoting strategic consensus and performance [J]. Organization Management Journal, 2019 (16): 220 -234.

71. Jain A, Jain P K, Mcinish T H, et al. Worldwide reach of short selling regulations [J]. Journal of Financial Economics, 2013, 109 (01): 177 - 197.

72. Jayaram J, Xu K, Nicolae M. The direct and contingency effects of supplier coordination and customer coordination on quality and flexibility performance [J]. International Journal of Production Research, 2011, 49 (01): 59 - 85.

73. Jemison D B. The importance of boundary spanning roles in strategic decision - making [J]. Journal of Management Studies, 1984, 21 (02): 131 - 151.

74. Joanna L Y H, Anne W, Steve Y C W. Performance measures, consensus on strategy implementation, and performance: Evidence from the operational - level of organizations [J]. Accounting, Organizations and Society, 2014, 39 (01): 38 - 58.

75. John H, Myriam C. Measuring innovative performance: Is there an advantage in using multiple indicators? [J]. Research Policy, 2003, 32 (08): 1365 - 1379.

76. Jorge T F, Jerónimo D B J. Supply chain integration and performance relationship: A moderating effects review [J]. International Journal of Logistics Management, 2017, 28 (04): 1243 - 1271.

77. Joshi M P, Kathuria R, Porth S J. Alignment of strategic priorities and performance: An integration of operations and strategic management perspectives [J]. Journal of Operations Management, 2003, 21 (03): 353 - 369.

78. Kaplan S, Vakili K. The double - edged sword of recombination in breakthrough innovation [J]. Strategic Management Journal, 2015, 36 (10): 1435 - 1457.

79. Katia P P, Tatiana M, Tamara P, et al. Strategic consensus as a

predictor for team performance [J]. Journal of Psychology, 2015, 33 (01): 189 -220.

80. Kamasak R, Bulutlar F. The influence of knowledge sharing on innovation [J]. European Business Review, 2010, 22 (03): 306 -317.

81. Kaufman B E. A new theory of satisficing [J]. Journal of Behavioral Economics, 1990, 19 (01): 35 -51.

82. Ke W, Wei K K. Factors affecting trading partners' knowledge sharing: Using the lens of transaction cost economics and socio - political theories [J]. Electronic Commerce Research and Applications, 2006, 6 (03): 297 -308.

83. Kellermanns F W, Walter J, Lechner C, et al. The lack of consensus about strategic consensus: Advancing theory and research [J]. Journal of Management, 2005, 31 (05): 719 -737.

84. Kellermanns F W, Wlater J, Floyd S W, et al. To agree or not to agree? A meta - analytical review of strategic consensus and organizational performance [J]. Journal of Business Research, 2011, 64 (02): 126 - 133.

85. Kerssens - van D I, Bilderbeek J. R&D performance measurement: More than choosing a set of metrics [J]. R&D Management, 2002, 29 (01): 35 -46.

86. Khalili H, Nejadhussein S, Fazel A. The influence of entrepreneurial orientation on innovative performance: study of a petrochemical company in Iran [J]. Journal of Knowledge - based Innovation in China, 2013, 5 (03): 262 -278.

87. King W R. Knowledge sharing in the encyclopedia of knowledge management [M]. Idea Publishing, 2006.

88. Knight D, Pearce C L, Smith K G, et al. Top management team diversity, group process, and strategic consensus [J]. Strategic Manage-

ment Journal, 1999 (20): 445 - 465.

89. Koh J, Kim Y G. Knowledge sharing in virtual communities: An e - business perspective [J]. Expert Systems with Applications, 2004 (02): 155 - 166.

90. Lambrechts F, Taillieu T, Grieten S, et al. In - Depth joint supply chain learning: Towards a framework [J]. Supply Chain Management: An International Journal, 2012, 17 (06): 627 - 637.

91. Lauring J, Selmer J. Knowledge sharing in diverse organizations [J]. Human Resource Management Journal, 2012, 22 (01): 89 - 105.

92. Leonard D, Sensiper. The role of tacit knowledge in group innovation [J]. California Management Review: Special Issue on Knowledge and the Firm, 1998, 40 (03): 112 - 132.

93. Lhuillery S, Pfister E. R&D cooperation and failures in innovation projects: Empirical evidence from French CIS data [J]. Research Policy, 2008, 38 (01): 45 - 57.

94. Lichtenthaler U. Openinnovation: Past research, current debates, and future directions [J]. Academy of Management Perspectives, 2011, 25 (01): 75 - 93.

95. Lin H F. Knowledge sharing and firm innovation capability: An empirical study [J]. International Journal of Manpower, 2007, 28 (3/4): 315 - 332.

96. Lin T C, Wu S, Lu C T. Exploring the affect factors of knowledge sharing behavior: The relations model theory perspective [J]. Expert Systems with Applications, 2012, 39 (01): 751 - 764.

97. Lindi J, Baloh P, Vincent M R, et al. Deploying information technologies for organizational innovation: Lessons from case studies [J]. International Journal of Information Management, 2011, 31 (02): 183 - 188.

98. Lindman F T, Callarman T E, Mcclatchey F C A. Strategic consensus and manufacturing performance [J]. Journal of Management Issues, 2001 (13): 45 -64.

99. Lins K V, Servaes H, Tamayo A. Social capital, trust, and firm performance: The value of corporate social responsibility during the financial crisis [J]. Journal of Finance, 2017, 72 (04): 1785 -1823.

100. Liu Y, Luo Y, Yang P, et al. Typology and effects of co - opetition in buyer - supplier relationships: Evidence from the Chinese home appliance industry [J]. Management and Organization Review, 2014, 10 (03): 439 -465.

101. Louis M R, Sutton. R. I. Switching cognitive gears: From habits of mind to active thinking [J]. Human Relations, 1991, 44 (01): 55 -76.

102. Lu L, Leung K, Koeh P T. Managerial knowledge sharing: The role of individual, interpersonal, and organizational factors [J]. Management and Organization Review, 2006, 2 (01): 15 -41.

103. Lughkana W. The case of integrative innovation: An expert system at digital [J]. Solon Management Review, 2010, 29 (01): 7 -19.

104. Luo Y. Procedural fairness and interfirm cooperation in strategic alliances [J]. Strategic Management Journal, 2008, 29 (01): 27 -46.

105. Luo J, Chong Y L, Ngai E W T, et al. Reprint of "green supply chain collaborationimplementation in China: The mediating role of Guanxi" [J]. Transportation Research Part E Logistics and Transportation Review, 2015, 74 (02): 37 -49.

106. Lyu C, Yang J, Zhang F, et al. How do knowledge characteristics affect firm's knowledge sharing intention in interfirm cooperation? An empirical study [J]. Journal of Business Research, 2020 (04): 48 -60.

107. Hudnurkar M, Jakhar S, Rathod U. Factors affecting collaboration in supply chain: A literature review [J]. Procedia - Social and Be-

havioral Sciences, 2014 (133): 189 -202.

108. Mahto R V, Davis P S. Information flow and strategic consensus in organizations [J]. International Journal of Business and Management, 2012, 7 (17): 1 -12.

109. Markoczy L. Consensus formation during strategic change [J]. Strategic Management Journal, 2001 (22): 1013 -1031.

110. Martin X, Mitchell W. The influence of local search and performance heuristics on new design introduction in a new product market [J]. Research Policy, 1998, 26 (7 -8): 753 -771.

111. McEvily B, Marcus A. Embedded ties and the acquisition ofcompetitive capabilities [J]. Strategic Management Journal, 2005, 26 (11): 1033 -1055.

112. Menon A, Bharadwaj S G. The quality and effectiveness of marketing strategy: Effects of functional and dysfunctional conflict in intraorganizatinal relationships [J]. Journal of the Academy of Marketing Science, 1996, 24 (04): 299 -313.

113. Mikalef P, Pateli A. Information technology - enabled dynamic capabilities and their indirect effect on competitive performance: Findings from PLS - SEM and fsQCA [J]. Journal of Business Research, 2017 (70): 1 -16.

114. Miller D, Friesen P H. Innovation in conservative and entrepreneurial firms: Two models of strategic momentum [J]. Strategic Management Journal, 1982, 3 (01): 1 -25.

115. Miller K D, Chen W R. Variable organizational risk preferences: Tests of the march - shapira model [J]. Academy of Management Journal, 2004, 47 (01): 105 -115.

116. Minkes A L, Foxall G R. Entrepreneurship, strategy, and organization: Individual and organization in the behaviour of the firm [J].

Strategic Management Journal, 1980, 1 (04): 295 -301.

117. Mintzberg H. The fall and rise of strategic planning [J]. Harvard Business Review, 1994, 72 (01): 107 -114.

118. Mirzaei N E, Fredriksson A, Winroth M. Strategic consensus on manufacturing strategy content including the operators' perceptions [J]. International Journal of Operationsand Production Management, 2016, 36 (04): 429 -466.

119. Mohan S, Mark A Y. The influence of intellectual capital on the types of innovative capabilities [J]. Academy of Management Journal, 2005, 48 (03): 450 -463.

120. Narasimhan R, Kim S W. Effect of supply chain integration on the relationship between diversification and performance: Evidence from Japanese and Korean firms [J]. Journal of Operations Management, 2002 (20): 303 -323.

121. Neutzling D M, Land A, Seuring S, et al. Linking sustainability - oriented innovation to supply chain relationship integration [J]. Journal of Cleaner Production, 2018 (172): 3448 -3458.

122. Nielsen R P. Strategic planning and consensus building for external relations——Five cases [J]. Long Range Planning, 1983 (16): 74 -81.

123. Noble C. H. The eclectic roots of strateby implementation research [J]. Journal of Business Pesewrch, 1999 (45): 119 -134.

124. Nonaka I. A dynamic theory of organizational knowledge creation [J]. Organization Science, 1994, 5 (01): 14 -37.

125. Nonaka I, Takeuchi H. The knowledge creating company [M]. New York: Oxford University Press, 1995.

126. Nugroho M A. Correlations of attitude to avoid sharing risk and trust with informal knowledge sharing [J]. International Journal of Economics Businessand Management Studies, 2012, 1 (03): 86 -95.

127. Owens B P, Hekman D R. How does leader humility influence team performance? Exploring the mechanisms of contagion and collective promotion focus [J]. Academy of Management Journal, 2016, 59 (03): 1088 – 1111.

128. Oyemomi O, Liu S, Neaga I, et al. How knowledge sharing and business process contribute to organizational performance: Using the fsQCA approach [J]. Journal of Business Research, 2016, 69 (11): 5222 – 5227.

129. Pagell M, Krause D R. Strategic consensus in the internal supply chain: Exploring the manufacturing – purchasing link [J]. International Journal of Production Research, 2002 (40): 3075 – 3092.

130. Pagell, M. Understanding the factors that enable and inhibit the integration of operations, purchasing and logistics [J]. Journal of Operations Management, 2004 (22): 459 – 487.

131. Park B J, Srivastava M K, Gnyawali D R. Walking the tight rope of coopetition: Impact of competition and cooperation intensities and balance on firm innovation performance [J]. Industrial Marketing Management, 2014, 43 (02): 210 – 221.

132. Parnell J A. Competitive strategy research: Current challenges and new directions [J]. Journal of Management Research, 2002, 2 (01): 1 – 12.

133. Pee L G, Min J. Employees' online knowledge sharing: The effects of person – environment fit [J]. Journal of Knowledge Management, 2017, 21 (02): 432 – 453.

134. Penrose E T. The theory of the growth of the firm [M]. New York: John Wiley, 1959.

135. Peralta C F, Saldanha M F. Knowledge – centered culture and knowledge sharing: The moderator role of trust propensity [J]. Journal of Knowledge Management, 2014, 18 (03): 538 – 550.

136. Pieterse A N, Knippenberg D V, Schippers M, et al. Transformational and transactional leadership and innovative behavior: The role of psychological empowerment [J]. Journal of Organizational Behavior, 2010, 31 (04): 609 - 623.

137. Podsakoff P M, Mackenzie S B, Lee J Y, et al. Common method biases in behavioral research: A critical review of the literature and recommended remedies [J]. Journal of Applied Psychology, 2003, 88 (05): 879 - 903.

138. Postrel S. Islands of shared knowledge: Specialization and mutual understanding in problem - solving teams [J]. Organization Science, 2002, 13 (03): 303 - 320.

139. Preacher K J, Hayes A F. Asymptotic and resampling strategies for assessing and comparing indirect effects in multiple mediator models [J]. Behavior Research Methods, 2008, 40 (03): 879 - 891.

140. Quigley N R, Tesluk P E, Locke E A, et al. A multilevel investigation of the motivational mechanisms underlying knowledge sharing and performance [J]. Organization Science, 2007, 18 (01): 71 - 88.

141. Ragin C C. Redesigning social inquiry: Fuzzy sets and beyond [M]. Chicago: University of Chicago Press, 2008.

142. Ragin C. C. The comparative method: Moving beyond qualitative and quantitative strategies [M]. California: University of California Press, 2014.

143. Ramanathan U, Gunasekaran A. Supply chain collaboration: Impact of success in long - term partnerships [J]. International Journal of Production Economics, 2014 (147): 252 - 259.

144. Ramos - Garza C. TMT strategic consensus in Mexican companies [J]. Journal of Business Research, 2009, 62 (09): 854 - 860.

145. Rapert M I, Velliquette A, Garretson J A, et al. The strategic

implementation process evoking strategic consensus through communication [J]. Journal of Business Research, 2002, 55 (04): 301 - 310.

146. Razmerita L, Kirchner K, Nielsen P. What factors influence knowledge sharing in organizations? A social dilemma perspective of social media communication [J]. Journal of Knowledge Management, 2016, 20 (06): 1225 - 1246.

147. Ritala P, Olander H, Michailova S, et al. Knowledge sharing, knowledge leaking and relative innovation performance: An empirical study [J]. Technovation, 2015 (35): 22 - 31.

148. Roberts N, Grover V. Leveraging information technology infrastructure to facilitate a firm's customer agility and competitive activity: An empirical investigation [J]. Journal of Management Information Systems, 2012, 28 (04): 231 - 269.

149. Roig - Tierno N, Huarng K H, Ribeiro - Soriano D. Qualitative comparative analysis: Crisp and fuzzy sets in business and management [J]. Journal of Business Research, 2016, 69 (04): 1261 - 1264.

150. Romijn H, Albaladejo M. Determinants of innovation capability in small electronics and software firms in southeast England [J]. Research Policy, 2002, 31 (07): 1053 - 1067.

151. Rosenbusch N, Brinckmann J, Bausch A. Is innovation always beneficial? A meta - analysis of the relationship between innovation and performance in SMEs [J]. Journal of Business Ventueing, 2011, 26 (04): 441 - 457.

152. Sakkab N. Y. Connect & develop complements research & develop at P&G [J]. Research - Technology Management, 2002, 45 (02): 38 - 45.

153. Salge T O, Farchi T, Barrett M I, et al. When does search openness really matter? A contingency study of health - care innovation

projects [J]. Journal of Product Innovation Management, 2013, 30 (04): 659 -676.

154. Schneider C Q, Wagemann C. Set - Theoretic methods for the social sciences: A guide to qualitative comparative analysis [M]. Cambridge: Cambridge University Press, 2012.

155. Schumpeter J A. The theory of economic development: An inquiry into profits, capital, credit, interest, and the business cycle [M]. MA: Harvard University Press, 1934.

156. Sedighi M, Splunter S V, Brazier F, et al. Exploration of multi - layered knowledge sharing participation: The roles of perceived benefits and costs [J]. Journal of Knowledge Management, 2017, 20 (06): 1247 -1267.

157. Segarra - Ciprés M, Roca - Puig V, Bou - Llusar J C. External knowledge acquisition and innovation output: An analysis of the moderating effect of internal knowledge transfer [J]. Knowledge Management Research and Practice, 2014, 12 (02): 203 -211.

158. Senge J C. How technology has improved my access to information [J]. Technology and Disability, 1997, 6 (03): 191 -198.

159. Serdar D, Mark J, Dilek Z N, et al. The quasi - moderating role of organizational culture in the relationship between rewards and knowledge shared and gained [J]. Journal of Knowledge Management, 2014, 18 (01): 1367 -3270.

160. Shashi, Tavana M, Shabani A, et al. The impact of interwoven integration practices on supply chain value addition and firm performance [J]. Journal of Industrial Engineering International, 2019, 15 (S1): 39 -51.

161. Shih S C, Hsu S H Y, Zhu Z, et al. Knowledge sharing——A key role in the downstream supply chain [J]. Information and Manage-

ment, 2012, 49 (02): 70 - 80.

162. Shun C, Mark G, Robert S, et al. Knowledge sharing in collaborative supply chains: Twin effects of trust and power [J]. International Journal of Production Research, 2013, 51 (07): 2060 - 2076.

163. Simatupang T M, Sridharan R. A benchmarking scheme for supply chain collaboration [J]. Benchmarking: An International Journal, 2004, 11 (01): 9 - 30.

164. Simons R. Performance measurement and control systems for implementing strategy [M]. NJ: Prentice Hall. 2000.

165. Slater S F, Olson E M, Hult G T M. The moderating influence of strategic orientation on the strategy formation capability - performance relationship [J]. Strategic Management Journal, 2006, 27 (12): 1221 - 1231.

166. Slotegraaf R J, Atuahene - Gima K. Product development team stability and new product advantage: The role of decision - making processes [J]. Journal of Marketing, 2011, 75 (01): 96 - 108.

167. Snow C C, Hambrick D C. Measuring organizational strategies: Some theoretical and methodological problems [J]. The Academy of Management Review, 1980, 5 (04): 527 - 538.

168. Song S. An internet knowledge sharing system [J]. Journal of Computer Information Systems, 2002, 42 (03): 25 - 30.

169. Sorensen J B, Start T E. Aging, obsolescence and organizational innovation [J]. Administrative Science Quarterly, 2000, 45 (01): 81 - 112.

170. Soule D L. Bridging knowledge gaps: Knowledge sharing and learning practices in virtual development teams [D]. Massachusetts: Harvard University, 2003.

171. Spender J C, Grant R M. Knowledge and the firm: Overview [J]. Strategic Management Journal, 1996, 17 (S2): 5 - 9.

172. Stepanovich P L, Mueller J D. Mapping strategic consensus [J]. Journal of Business and Management, 2002 (08): 147 -163.

173. Strese S, Keller M, Flatten T C, et al. CEOs' passion for inventing and radical innovations in SMEs: The moderating effect of shared vision [J]. Journal of Small Business Management, 2018, 56 (03): 435 -452.

174. Swart J, Kinnie N, Rossenberg Y, et al. Why should I share my knowledge? A multiple foci of commitment perspective [J]. Human Resource Management Journal, 2014, 24 (03): 269 -289.

175. Tarakci M, Ateş N Y, Floyd S W, et al. Performance feedback and middle managers' divergent strategic behavior: The roles of social comparisons and organizational identification [J]. Strategic Management Journal, 2018 (39): 1139 -1162.

176. Teece D J, Pisano G, Shuen A. Dynamic capabilities and strategic management [J]. Strategic Management Journal, 1997, 18 (07): 509 -533.

177. Terhorst A, Lusher D, Bolton D, et al. Tacit knowledge sharing in open innovation projects [J]. Project Management Journal, 2018, 49 (04): 5 -19.

178. Serrano V, Fischer T. Collaborative innovation in ubiquitous systems [J]. Journal of Intelligent Manufacturing, 2007, 18 (05): 599 -615.

179. Watson, Jean. Caring knowledge and informed moral passion [J]. Advances in Nursing Science, 1990, 13 (01): 15 -24.

180. Wagner S M. An empirical Investigation of knowledge - sharing in networks [J]. Journal of Supply Chain Management, 2005, 41 (04): 17 -31.

181. Wang C L, Ahmed P K. The development and validation of the organizational innovativeness construct using confirmatory factor analysis [J]. European Journal of Innovation Management, 2004, 7 (04): 303 -313.

182. Wang C L, Roda S, Frui M. Knowledge networks, collaboration networks, and exploratory innovation [J]. Academy of Management Journal, 2014, 57 (02): 484 - 514.

183. Wang S, Noe R A. Knowledge sharing: A review and directions for future research [J]. Human Resource Management Review, 2010, 20 (02): 115 - 131.

184. West C T, Schwenk C R. Top management team strategic consensus, demographic homogeneity and firm performance: A report of resounding nonfindings [J]. Strategic Management Journal, 1996, 17 (07): 571 - 576.

185. Wijnhoven F. Knowledge logistics in business contexts: An alyzing and diagnosing knowledge sharing by logistics concepts [J]. Knowledge and Process Management, 1998, 5 (03): 143 - 157.

186. Wilkesmann U, Fischer H, Wilkesmann M. Cultural characteristics of knowledge transfer [J]. Journal of Knowledge Management, 2009, 13 (06): 464 - 477.

187. Wong C Y, Boon - itt S, Wong C W Y. The contingency effects of environmental uncertainty on the relationship between supply chain integration and operational performance [J]. Journal of Operations Management, 2011, 29 (06): 604 - 615.

188. Wooldridge B, Floyd S W. Research note and communications strategic process effect on consensus [J]. Strategic Management Journal, 1989, 10 (03): 295 - 302.

189. Wooldridge B, Schmid T, Floyd S. W. The middle management perspective on strategy process: Contributions, synthesis, and future research [J]. Journal of Management, 2008 (34): 1190 - 1221.

190. Wu W L, Lee Y C. Empowering group leaders encourages knowledge sharing: Integrating the social exchange theory and positive or-

ganizational behavior perspective [J]. Journal of Knowledge Management, 2017, 21 (02): 474 -491.

191. Yoon J, Kayes D C. Employees' self - efficacy and perception of individual learning in teams: The cross - level moderating role of team - learning behavior [J]. Journal of Organizational Behavior, 2016, 37 (07): 1044 -1060.

192. Yu H Y, Shang Y J, Wang N, et al. The mediating effect of decision quality on knowledge management and firm performance for Chinese entrepreneurs: An empirical study [J]. Sustainability, 2019, 11 (13): 3660.

193. Zhang Y, Li H. Innovation search of new ventures in a technology cluster: The role of ties with service intermediaries [J]. Strategic Management Journal, 2010, 31 (01): 88 -109.

194. Zhao L, Huo B, Sun L, et al. The impact of supply chain risk on supply chain integration and company performance: A global investigation [J]. Supply Chain Management: An International Journal, 2013, 18 (02): 115 -131.

195. Zhao Y, Li Y, Lee S H, et al. Entrepreneurial orientation, organizational learning, and performance: Evidence from China [J]. Entrepreneurship Theory and Practice, 2009, 35 (02): 293 -317.

196. Zhu H M, Zhang S T, Jin Z. The effects of online social networks on tacit knowledge transmission [J]. Physica A: Statistical Mechanics and its Applications, 2016, 441 (01): 192 -198.

197. 伯努瓦·里豪克斯，查尔斯 C. 拉金 .QCA 设计原理与应用：超越定性与定量研究的新方法 [M]. 杜运周，李永发等译 . 北京：机械工业出版社，2017.

198. 查尔斯 C. 拉金 . 重新设计社会科学研究 [M]. 杜运周等译 . 北京：机械工业出版社，2017.

199. 陈春花. 共识［M］. 北京：机械工业出版社，2016.

200. 陈春花，朱丽. 激活组织七要素——从个体价值到集合智慧［J］. 珞珈管理评论，2017（04）：1－14.

201. 陈春花，朱丽. 协同：数字化时代组织效率的本质［M］. 北京：机械工业出版社，2019.

202. 陈春花，朱丽. 协同：组织效率新来源［J］. 清华管理评论，2019（10）：14－21.

203. 陈红，张玉，刘东霞. 监管机构补助、税收优惠与企业创新绩效——不同生命周期阶段的实证研究［J］. 南开管理评论，2019（03）：187－200.

204. 陈劲，陈钰芬. 企业技术创新绩效评价指标体系研究［J］. 科学学与科学技术管理，2006（03）：86－91.

205. 陈劲，谢芳，贾丽娜. 企业集团内部协同创新机理研究［J］. 管理学报，2006（06）：733－740.

206. 陈劲，邱嘉铭，沈海华. 技术学习对企业创新绩效的影响因素分析［J］. 科学学研究，2007（06）：1223－1232.

207. 陈劲，阳银娟. 协同创新的理论基础与内涵［J］. 科学学研究，2012（02）：161－164.

208. 陈劲. 协同创新［M］. 杭州：浙江大学出版社，2012.

209. 陈俊营. 高新技术企业智力资本对供应链知识共享能力作用机理研究［D］. 昆明：昆明理工大学，2017.

210. 陈权. 情绪智力对高管团队冲突、行为整合及战略决策绩效影响研究［D］. 镇江：江苏大学，2013.

211. 陈蕊. 国家研发投入、企业研发能力与创新绩效相关性研究［J］. 财会通讯，2017（06）：47－50.

212. 陈三可. 基于合作网络的企业开放式创新研究——内、外部知识结构匹配的视角［D］. 厦门：厦门大学，2017.

213. 陈钰芬，陈劲. 开放式创新促进创新绩效的机理研究［J］.

科研管理，2009（04）：1－9，28.

214. 程建青，罗瑾琏，杜运周，等．制度环境与心理认知何时激活创业？——个基于QCA方法的研究［J］．科学学与科学技术管理，2019（02）：114－131.

215. 程艳．煤炭企业协同绿色创新能力研究［D］．太原：山西财经大学，2016.

216. 戴维·米勒，韦农·波格丹诺．布莱克维尔政治学百科全书［M］．邓正来，译．北京：中国政法大学出版社，1992.

217. 戴勇，王诗卉．从研发能力到创新绩效：技术整合与组织整合的不同角色［J］．科技进步与对策，2017（24）：7－12.

218. 党兴华，常红锦．网络位置、地理临近性与企业创新绩效——一个交互效应模型［J］．科研管理，2013，34（03）：7－13，30.

219. 丁勇．研发能力、规模与高新技术企业绩效［J］．南开经济研究，2011（04）：137－153.

220. 董津津，陈关聚．创新网络嵌入性、社区意识对企业创新绩效的影响［J］．科技进步与对策，2019（10）：1－10.

221. 董振林．外部知识搜寻、知识整合机制与企业创新绩效：外部环境特性的调节作用［D］．长春：吉林大学，2017.

222. 杜跃平，王嘉彤．知识型员工个人期望、人际氛围与创新绩效关系研究［J］．科技进步与对策，2015（07）：144－149.

223. 杜运周，贾良定．组态视角与定性比较分析（QCA）：管理学研究的一条新道路［J］．管理世界，2017（06）：155－167.

224. 段海艳．连锁董事、组织冗余与企业创新绩效关系研究［J］．科学学研究，2012，30（04）：631－640.

225. 段升森，迟冬梅，张玉明．信念的力量：工匠精神对组织韧性的影响研究［J］．外国经济与管理，2021，43（03）：57－71.

226. 范志刚，吴晓波．动态环境下企业战略柔性与创新绩效关

系研究 [J]. 科研管理，2014，35 (01)：1-8.

227. 冯长利，张明月，刘洪涛，等. 供应链知识共享与企业绩效关系研究——供应链敏捷性的中介作用和环境动态性的调节作用 [J]. 管理评论，2015 (11)：181-191.

228. 冯长利，赵常宁，刘丹，等. 供应链企业间知识创造影响因素 Fuzzy DEMATEL 分析 [J]. 科学学研究，2016，34 (05)：734-743.

229. 傅家骥. 技术创新学 [M]. 北京：清华大学出版社，1998.

230. 甘绍平. 应用伦理学前沿问题研究 [M]. 南昌：江西人民出版社，2002.

231. 高辉. 中国情境下的制度环境与企业创新绩效关系研究 [D]. 长春：吉林大学，2017.

232. 顾建平，张素雅. 高新技术企业的高管灵性资本对员工创造力的影响研究 [J]. 科学学与科学技术管理，2016，37 (04)：172-180.

233. 谷盟，张晓洁，王栋晗. 创业团队行业经验异质性，治理模式与创业企业成长绩效关系研究，2021，38 (06)：11-19.

234. 郭元源，贺易宁，邓晓慧. 基于 QCA 方法的创新资源诅咒治理模式研究 [J]. 科研管理，2019 (04)：83-91.

235. 郭勇峰. 企业战略的性质及治理效应 [D]. 天津：南开大学，2012.

236. 哈贝马斯. 历史唯物主义的重建 [M]. 法兰克福出版社，1976.

237. 哈肯.H. 协同学导论 [M]. 张纪岳，郭治安，译. 西安：西北大学科研处，1981.

238. 韩莹，陈国宏. 集群企业网络权力与创新绩效关系研究——基于双元式知识共享行为的中介作用 [J]. 管理学报，2016，13 (06)：855-862.

239. 何郁冰. 产学研协同创新的理论模式 [J]. 科学学研究，

2012 (02): 165 – 174.

240. 何振乾. 服务导向逻辑下制造企业内外部协同创新管理机制研究 [D]. 上海: 东华大学, 2018.

241. 胡琴芳, 李想, 唐未兵. 供应链企业间认知距离与社会距离对合作创新绩效的影响机制研究 [J]. 经济经纬, 2019 (03): 110 – 117.

242. 黄亮, 张建琦. 企业战略执行能力对企业战略执行绩效的作用机理研究——来自中小民营企业家的证据 [J]. 商业经济与管理, 2009 (10): 28 – 33, 39.

243. 黄再胜. 战略共识理论研究述评 [J]. 外国经济与管理, 2010, 32 (03): 11 – 17, 39.

244. 黄再胜. 企业员工战略共识及其影响因素的实证研究 [J]. 南开管理评论, 2011, 14 (04): 32 – 41.

245. 计国君, 于文鹏. 供应链企业间知识共享的动力研究 [J]. 科学学与科学技术管理, 2010 (11): 66 – 74.

246. 纪晓丽. 市场化进程、法制环境与技术创新 [J]. 科研管理, 2011 (05): 8 – 16.

247. 蒋建武, 赵曙明. 人力资源管理实践差异与企业员工创造力影响机理 [J]. 改革, 2011 (09): 111 – 120.

248. 金辉, 杨忠, 黄彦婷, 等. 组织激励、组织文化对知识共享的作用机理——基于修订的社会影响理论 [J]. 科学学研究, 2013 (11): 1697 – 1707.

249. 金辉, 段光, 李辉. 面子、人情与知识共享意愿间关系的实证研究: 基于知识隐性程度的调节效应 [J]. 管理评论, 2019 (05): 147 – 162.

250. 孔宁宁, 张新民, 唐杰. 我国高新技术企业战略、资本结构与绩效关系研究 [J]. 中国工业经济, 2010 (09): 112 – 120.

251. 李柏洲, 夏文飞. 知识属性、技术创新能力与企业创新绩效关系的实证研究——基于环境动态性的调节效应 [J]. 预测, 2019, 38 (06): 17-23.

252. 李斌. 基于市场导向的多主体协同创新绩效提升机制研究 [D]. 西安: 陕西师范大学, 2017.

253. 李丹, 杨建君. 关系状态、信任、创新模式与合作创新绩效 [J]. 科研管理, 2018 (06): 103-111.

254. 李东红, 乌日汗, 陈东. "竞合"如何影响创新绩效: 中国制造业企业选择本土竞合与境外竞合的追踪研究 [J]. 管理世界, 2020 (02): 161-181.

255. 李倩, 张淑华, 陈波, 等. 竞合供应链成员企业知识安全共享博弈模型及策略 [J]. 经济与管理, 2018, 32 (04): 68-75.

256. 李王芳. 企业内外部人力资本对创新绩效的作用机理 [D]. 杭州: 浙江大学, 2014.

257. 李旭文, 齐中英. 认知视角下企业战略变革过程中的冲突形成研究 [J]. 管理评论, 2019 (04): 162-174.

258. 李瑛玫, 史琦. 内部控制能够促进企业创新绩效的提高吗? [J]. 科研管理, 2019, 40 (06): 86-99.

259. 李永周, 黄薇, 刘旸. 高新技术企业研发人员工作嵌入对创新绩效的影响——以创新能力为中介变量 [J]. 科学学与科学技术管理, 2014, 35 (03): 135-143.

260. 李云梅, 徐惠. 团队信任认知中介下非物质激励对创新绩效的影响 [J]. 科技进步与对策, 2018, 35 (07): 118-124.

261. 李正卫, 高蔡联, 张祥富. 创始人前摄性个性对企业创新绩效的影响——社会网络的中介作用 [J]. 科学学研究, 2013 (11): 1752-1759.

262. 刘博文, 任颋. 跨境并购经验对优质人才获取的影响——来自双方战略共识的调节作用 [J]. 技术经济与管理研究, 2020 (02): 55-59.

263. 刘超，刘新梅，李彩凤．吸收能力、组织整合、创造力与创新绩效的关系研究［J］．科研管理，2017，38（10）：76－84.

264. 刘华芳，杨建君．大股东参与度、战略共识与企业突破式创新的实证研究［J］．管理学报，2013，10（07）：1034－1040.

265. 刘学元，丁雯婧，赵先德．企业创新网络中关系强度、吸收能力与创新绩效的关系研究［J］．南开管理评论，2016，19（01）：30－42.

266. 刘芸，王涛，顾新．企业创新网络中组织声誉对创新绩效的影响——知识合作的中介作用与网络特征的调节作用［J］．经济经纬，2019，36（04）：102－109.

267. 龙勇，潘红春．供应链协同对企业创新的影响效应研究——基于知识共享视角［J］．科技进步与对策，2014，31（03）：138－143.

268. 龙勇，汪谷腾．模块化组织知识共享对创新绩效影响机制的实证研究［J］．管理工程学报，2018（03）：43－51.

269. 吕峰，梁琬曈，张峰．效率还是效果：复杂环境下企业创新的权衡［J］．南开管理评论，2018（05）：188－199.

270. 马艳艳，刘凤朝，姜滨滨，等．企业跨组织研发合作广度和深度对创新绩效的影响——基于中国工业企业数据的实证［J］．科研管理，2014（06）：33－40.

271. 梅冰菁，罗剑朝．财政补贴、研发投入与企业创新绩效——制度差异下有调节的中介效应模型检验［J］．经济经纬，2020（01）：167－176.

272. 宁德鹏．创业教育对创业行为的影响机理研究［D］．长春：吉林大学，2017.

273. 潘宏亮．创业者吸收能力、双元创新战略对天生国际化企业成长绩效的影响［J］．科学学与科学技术管理，2018，39（12）：94－110.

274. 庞庆华，杨晓卉，姜明栋．河长制下农村河道治理的多元利益主体演化博弈分析［J］．水利经济，2019，37（05）：59－65，80.

275. 钱锡红，杨永福，徐万里．企业网络位置、吸收能力与创新绩效——一个交互效应模型［J］．管理世界，2010（05）：118－129.

276. 任润，李婧，张一弛．“心往一处想、劲往一处使”：员工战略视线的作用机理［J］．管理世界，2011（09）：105－115.

277. 尚洪涛，黄晓硕．监管机构补贴、研发投入与创新绩效的动态交互效应［J］．科学学研究，2018，36（03）：446－455，501.

278. 宋华，陈思洁．供应链整合、创新能力与科技型中小企业融资绩效的关系研究［J］．管理学报，2019（03）：379－388.

279. 苏屹，林周周，欧忠辉．基于突变理论的技术创新形成机理研究［J］．科学学研究，2019（03）：568－574.

280. 苏涛，陈春花，崔小雨，等．信任之下，其效何如——来自Meta分析的证据［J］．南开管理评论，2017（04）：179－192.

281. 孙丽华．战略人力资源管理、企业文化对创新绩效的影响［J］．国际商务（对外经济贸易大学学报），2016（06）：137－147.

282. 孙世强，陶秋燕．小微企业关系强度、知识共享与其创新绩效关系研究——吸收能力的调节效应［J］．科学决策，2019（05）：15－33.

283. 谭玲玲，李倩，喻冬冬．公平关切下供应链协同创新中的知识共享行为博弈［J］．工业技术经济，2018（10）：109－119.

284. 唐淑兰．供应链企业间知识共享的影响因素及策略研究［J］．信息系统工程，2012（06）：110－111.

285. 唐鹏程，杨树旺．企业社会责任投资模式研究：基于价值的判断标准［J］．中国工业经济，2016（07）：109－126.

286. 田立法．高承诺工作系统驱动知识共享：信任关系的中介作用及性别的调节作用［J］．管理评论，2015，27（06）：148－159.

287. 屠兴勇，张琪，王泽英，等．知识工作者内生动机、知识共享意愿与创造力［J］. 科研管理，2017（10）：111－118.

288. 王娟茹，罗岭. 知识共享行为、创新和复杂产品研发绩效［J］. 科研管理，2015，36（06）：37－45.

289. 王士红，徐彪，彭纪生. 组织氛围感知对员工创新行为的影响——基于知识共享意愿的中介效应［J］. 科研管理，2013（05）：130－135.

290. 王少凡，王向阳. 企业间供应链协同资源整合机理与共享路径研究［J］. 社会科学战线，2020（03）：259－263.

291. 王涛. 基于双向嵌入观的协同创新效应研究［D］. 大连：东北财经大学，2014.

292. 王旭. 债权治理、创新激励二元性与企业创新绩效——关系型债权人视角下的实证检验［J］. 科研管理，2017，38（03）：1－10.

293. 王艳子，罗瑾琏. 目标取向对员工创新行为的影响研究——基于知识共享的中介效应［J］. 科学学与科学技术管理，2011（05）：164－169.

294. 王长峰，徐滴石. 供应链网络中企业合作创新行为与创新绩效［J］. 创新与创业管理，2018，18（01）：70－83.

295. 王瑞花. 创新组织内知识共享的演化博弈［J］. 运筹与管理，2016，25（04）：31－38.

296. 王众托. 知识系统工程［M］. 北京：科学出版社，2004.

297. 魏江茹. 中庸思维程度、知识共享与员工创新行为［J］. 经济管理，2019（05）：88－104.

298. 魏虹，陈传明. 企业家社会资本对利益相关者战略共识的影响分析［J］. 南京社会科学，2013（10）：21－28.

299. 魏泽龙，王舒阳，宋茜，等. 战略认知、外部环境对商业模式新颖性的影响研究［J］. 科学学与科学技术管理，2017，38（12）：109－123.

300. 温忠麟，张雷，侯杰泰，等. 中介效应检验程序及其应用

[J]. 心理学报，2004，36 (05)：614－620.

301. 吴超. 中国重污染行业绿色创新效率评价及提升模式构建[D]. 武汉：中国地质大学，2018.

302. 吴明隆. 问卷统计分析实务——SPSS 操作与应用 [M]. 重庆：重庆大学出版社，2010.

303. 吴晓波，陈小玲，李璟琰. 战略导向、创新模式对企业绩效的影响机制研究 [J]. 科学学研究，2015，33 (01)：118－127.

304. 吴晓云，杨冠华. "双驱动" 创新战略对企业技术创新绩效影响的实证研究——价值网络资源属性的调节作用 [J]. 研究与发展管理，2019，31 (06)：91－103.

305. 夏火松，李静雯，熊淦，等. 基于24小时知识工厂的跨国公司知识共享影响因素研究 [J]. 管理评论，2017，29 (01)：114－124.

306. 解学梅，刘丝雨. 协同创新模式对协同效应与创新绩效的影响机理 [J]. 管理科学，2015 (02)：27－39.

307. 解学梅，吴永慧. 企业协同创新文化与创新绩效：基于团队凝聚力的调节效应模型 [J]. 科研管理，2013，34 (12)：66－74.

308. 谢凤华，姚先国，古家军. 高层管理团队异质性与企业技术创新绩效关系的实证研究 [J]. 科研管理，2018 (06)：65－73.

309. 谢雅萍，郑陈国，黄丽清. 组织内部协同机制重塑对员工创造力的影响研究 [J]. 北京化工大学学报（社会科学版)，2019 (03)：7－14，35.

310. 徐劲松，陈松. 群体资源对个体知识共享的跨层次影响：心理资本的视角 [J]. 科研管理，2018，39 (03)：101－109.

311. 徐蕾，李明贝. 技术多元化对创新绩效的双中介作用机理研究 [J]. 科研管理，2019 (05)：110－119.

312. 徐梦丹. 产学研伙伴匹配性、知识共享与合作绩效的关系研究 [D]. 广州：华南理工大学，2018.

313. 许婷，杨建君. 企业间信任、合作模式与合作创新绩效——

知识库兼容性的调节作用 [J]. 华东经济管理, 2017 (12): 35-43.

314. 徐维祥, 黄明均, 李露, 等. 财政补贴、企业研发对企业创新绩效的影响 [J]. 华东经济管理, 2018 (08): 129-134.

315. 薛云奎, 齐大庆, 韦华宁. 中国企业战略执行现状及执行力决定因素分析 [J]. 管理世界, 2005 (09): 88-98.

316. 闫佳祺, 罗瑾琏, 贾建锋. 组织情境因素联动效应对双元领导的影响——一项基于 QCA 技术的研究 [J]. 科学学与科学技术管理, 2018, 39 (04): 150-160.

317. 闫佳祺, 罗瑾琏. 科研团队双元领导与创新绩效 [J]. 科学学研究, 2018, 36 (11): 2103-2112.

318. 杨付, 刘军, 张丽华. 精神型领导、战略共识与员工职业发展: 战略柔性的调节作用 [J]. 管理世界, 2014 (10): 100-113, 171, 187, 188.

319. 杨帆. 供应商和客户参与对企业新产品开发的作用机制研究 [D]. 天津: 天津大学, 2016.

320. 杨筠, 宁向东. 政治关联、监管机构补贴与企业创新绩效 [J]. 技术经济, 2018, 37 (05): 31-37.

321. 杨建君, 徐国军. 战略共识、知识共享与组织学习的实证研究 [J]. 科学学与科学技术管理, 2016, 37 (01): 46-57.

322. 杨敏. 开放条件下企业创新的知识流空间耦合效应研究 [D]. 重庆: 重庆大学, 2017.

323. 杨战胜, 俞峰. 政治关联对企业创新影响的机理研究 [J]. 南开经济研究, 2014 (06): 32-43.

324. 杨震宁, 白春叶. 跨国技术战略联盟的信任、冲突与联盟稳定 [J]. 科研管理, 2018, 39 (07): 34-42.

325. 姚艳虹, 张翠平. 知识域耦合、知识创新能力与企业创新绩效——环境不确定性和战略柔性的调节作用 [J]. 科技进步与对策, 2019 (06): 1-9.

326. 易明，罗瑾琏，王圣慧，等. 时间压力会导致员工沉默吗——基于 SEM 与 fsQCA 的研究［J］. 南开管理评论，2018（01）：203－215.

327. 应可福，薛恒新. 企业集团管理中的协同效应研究［J］. 华东经济管理，2004（05）：135－138.

328. 喻登科，周子新. 普适性信任、知识共享宽度与企业开放式创新绩效［J］. 科技进步与对策，2020（01）：112－121.

329. 俞立平，钟昌标. 高技术产业自主研发与协同创新协调发展研究［M］. 北京：经济科学出版社，2016.

330. 于海云，赵增耀，李晓钟. 民营企业创新绩效影响因素研究——企业家信心的研究视角［J］. 科研管理，2013（09）：97－104.

331. 于晓宇，王茜，陶奕达，等. 好心不得好报？伦理型领导对新产品开发绩效的影响［J］. 研究与发展管理，2018，30（03）：85－99.

332. 袁朋伟，董晓庆，翟怀远，等. 共享领导对知识员工创新行为的影响研究——知识分享与团队凝聚力的作用［J］. 软科学，2018，32（01）：87－91.

333. 袁庆宏，张宇，张艾诗. 分享还是有所保留？留学归国人员国内嵌入程度与知识分享行为［J］. 科学学与科学技术管理，2017（11）：168－180.

334. 岳鹄，朱怀念，张光宇，等. 网络关系、合作伙伴差异性对开放式创新绩效的交互影响研究［J］. 科研管理，2018（07）：1018－1024.

335. 张方华，陶静媛. 企业内部要素协同与创新绩效的关系研究［J］. 科研管理，2016（02）：20－28.

336. 张峰，刘侠. 外部知识搜寻对创新绩效的作用机理研究［J］. 管理科学，2014，27（01）：31－42.

337. 张杰，陈志远，杨连星，等. 中国创新补贴政策的绩效评估：理论与证据［J］. 经济研究，2015，50（10）：4－17，33.

338. 张军，许庆瑞，张素平. 动态环境中企业知识管理与创新能力关系研究 [J]. 科研管理，2014，35 (04)：59 - 67.

339. 张明，陈伟宏，蓝海林. 中国企业“凭什么”完全并购境外高新技术企业——基于94个案例的模糊集定性比较分析 (fsQCA) [J]. 中国工业经济，2019 (04)：117 - 135.

340. 张平. 管理者互动与企业战略共识的形成：管理者角色的调节作用 [A]. 第五届经济，管理与社会科学国际会议论文集 [C] 2019.

341. 张悟移，王得首. 基于引力成本的供应链知识共享改进研究 [J]. 科技管理研究，2018 (02)：156 - 160.

342. 张旭梅，陈伟，张映秀. 供应链企业间知识共享影响因素的实证研究 [J]. 管理学报，2009，6 (10)：132 - 135.

343. 张永安，胡佩. 交互效应视角下监管机构补助、内部资源与创新绩效关系研究——以战略性新兴产业上市企业为例 [J]. 科技进步与对策，2019，36 (18)：68 - 77.

344. 张振刚，陈志明，李云健. 开放式创新、吸收能力与创新绩效关系研究 [J]. 科研管理，2015，36 (03)：49 - 56.

345. 张振刚，余传鹏，李云健. 主动性人格、知识分享与员工创新行为关系研究 [J]. 管理评论，2016，28 (04)：123 - 133.

346. 张振刚，袁斯帆，李云健，等. 高层商业关联、创新合作与创新绩效的关系研究——以产品质量认证为调节变量 [J]. 管理学报，2017 (06)：842 - 849.

347. 赵剑波，杨震宁，王以华. 监管机构的引导作用对于集群中企业创新绩效的影响 [J]. 科研管理，2012 (02)：11 - 18.

348. 赵立龙. 制造企业服务创新战略对竞争优势的影响机制研究 [D]. 杭州：浙江大学，2012.

349. 赵立雨. 开放式创新对企业创新绩效影响研究——内部R&D与环境波动的调节作用 [J]. 科学学与科学技术管理，2014，35 (06)：119 - 127.

350. 赵良杰，宋波. 联盟网络结构和技术互依性对双元型技术联盟网络创新绩效的影响 [J]. 管理学报，2015，12 (04)：558－564.

351. 赵玲. 跨界危机应对中组织协同绩效的影响因素与作用机制分析——基于两起海洋溢油事件的比较案例研究 [J]. 风险灾害危机研究，2019 (01)：151－180.

352. 郑健，刘人境，冯亚娟. 虚拟品牌社区环境下顾客参与对技术创新绩效的影响——组织学习能力的调节作用 [J]. 科学学与科学技术管理，2018，39 (10)：82－95.

353. 钟曼丽，杨宝强. 社会智库创新建设：外部协同及其内部运行机制的二维视角 [J]. 情报杂志，2018 (11)：36－41，88.

354. 钟熙，付晔，王甜. 包容性领导、内部人身份认知与员工知识共享——组织创新氛围的调节作用 [J]. 研究与发展管理，2019 (03)：109－120.

355. 周江华，刘一凡，李纪珍. 部门间竞合关系对企业创新绩效的影响 [J]. 科学学研究，2019 (04)：721－728，759.

356. 朱朝晖. 探索性学习、挖掘性学习和创新绩效 [J]. 科学学研究，2008，26 (04)：860－867.

357. 朱祖平. 刍议知识管理及其体系框架 [J]. 科研管理，2000，21 (01)：19－25.